Mülheimer Fatzerbücher 3

In Gemeinschaft und als Einzelne_r

Ringlokschuppen Ruhr

Mülheimer Fatzerbücher

1

Kommando Johann Fatzer

2

Räume, Orte, Kollektive

3

In Gemeinschaft und als Einzelne_r

4

Krieg

Mülheimer Fatzerbücher 3

In Gemeinschaft und als Einzelne_r

Herausgegeben von
Matthias Naumann
Mayte Zimmermann

Neofelis Verlag

Die *Mülheimer Fatzerbücher* werden herausgegeben von
Kultur im Ringlokschuppen e. V.

www.ringlokschuppen.ruhr

Veröffentlicht mit freundlicher Unterstützung der Kunststiftung NRW

Bibliografische Information der Deutschen Nationalbibliothek
Die Deutsche Nationalbibliothek verzeichnet diese Publikation in der Deutschen Nationalbibliografie; detaillierte bibliografische Daten sind im Internet über http://dnb.d-nb.de abrufbar.

Umschlaggestaltung: Marija Skara, unter Verwendung einer Fotografie von Björn Stork.
Satz: Neofelis Verlag
Druck: PRESSEL Digitaler Produktionsdruck, Remshalden
Gedruckt auf FSC-zertifiziertem Papier.
ISBN: 978-3-943414-45-5

Inhalt

Open Call

Katrin Hylla – *You can wash all that shit away*

Schauf / Millner / Scholtysik / Földesi / Bussmann / Natus – *FATZER-/KOMMENTAR/VERSUCH/LEHRSTÜCK/ FRAGMENT*

Abteilung T/A/T der EGfKA – *FATSA/KOINA: Athen*

In Gemeinschaft und als Einzelne_r

Matthias Naumann / Mayte Zimmermann

> Das sind Leute, die wollen
> Daß alle gleich sind, und können doch
> Allein nicht leben.[1]

Dieses Zitat aus Bertolt Brechts *Fatzer*-Fragment stand sowohl dem Exposé für das Symposium der Dritten Fatzer Tage als auch dem für diese Ausgabe zum ersten Mal veranstalteten Open Call voran und war so als ein gemeinsamer Ausgangspunkt für wissenschaftliches und szenisches Nachdenken über die Fragen, Verhältnisse und Konflikte von Gemeinschaft und Einzelnem_Einzelner im und ausgehend von *Fatzer* vorgeschlagen. Die vier Vorträge des Symposiums sowie Beiträge zu den fünf während des Festivals gezeigten Theaterarbeiten, von denen drei aus dem Open Call hervorgingen, werden im vorliegenden Band dokumentiert.
Die zitierte Aussage Fatzers steht am Ende des Fragmentstücks B 40 in Replik auf Koch, der – „sagen wir zum Spaß“[2] – einmal so heiß essen möchte, wie gekocht wird, bzw. so heiß essen lassen möchte, denn die Szene lässt sich als Einleitung einer möglichen Tötung Fatzers durch Koch und die anderen lesen, in der Fatzer so heiß zu essen gegeben wird, dass er nicht mehr zu brauchen ist. Dies soll geschehen, obgleich hier sowohl Koch als auch Fatzer der Ansicht zu sein scheinen, dass die anderen Fatzer brauchen. Nur leiten sie aus dieser Annahme, dass die anderen Fatzer brauchen, verschiedene Handlungen als zu erwartende (Fatzer) bzw. zu vollziehende (Koch) ab. Darauf, gebraucht zu werden, baut Fatzer. Doch gerade diese Abhängigkeit der anderen, vielleicht einer Gemeinschaft, von diesem einzelnen Fatzer scheint es wiederum für Koch notwendig zu machen, zu zeigen, dass auch derjenige, der gebraucht wird, nicht unverzichtbar, sondern vielleicht gerade verzichtbar ist. Koch sagt direkt vor dem bereits Zitierten:

1 Bertolt Brecht: Fatzer. In: *Werke. Große kommentierte Berliner und Frankfurter Ausgabe*, Bd. 10/1. Frankfurt am Main: Suhrkamp 1997, S. 387–529, hier S. 461.
2 Ebd.

Weil wir ihn brauchen, meint er
Er sei mehr
Weil wir nicht ohne ihn leben können, meint er
Er lebe ewig[3]

Im Gestus dieser Aussage und der in ihr und zuvor nahegelegten Tötung Fatzers wird als politisch notwendig behauptet, nicht einen Einzelnen zulassen zu dürfen, von dem die Gruppe, das Kollektiv, vielleicht die politische Gemeinschaft abhängt, auch wenn dies um den Preis der Opferung dessen geschieht, den ebendiese Gruppe oder Gemeinschaft für das eigene Überleben oder das Erreichen ihrer Ziele braucht. Fatzer bestärkt in der Geste seiner Replik – „Das sind Leute" – die sich durch das Fragment ziehende Unterscheidung in ihn als Einzelnen und sie, die anderen, womit eine Verbindung mit ihnen zugleich hergestellt und aufgekündigt wird. Eine Gemeinschaft scheint so unverzichtbar und nicht möglich.

Die folgende Verknüpfung im Ausgangszitat aus Analogie – zwischen „alle gleich" und „allein" – und Opposition – von „wollen" und „doch nicht können" – führt direkt hinein in die Problematik der Darstellung und Herstellung einer (politischen) Gemeinschaft, die sich immer nur aus Einzelnen zusammensetzen kann, seien diese nun als Individuen, Genossen, Mitglieder, Bürger oder Angehörige irgendeiner Nation oder einer ähnlichen politischen Fiktion konzipiert. Wenn alle gleich sind, sind alle zusammen allein, denn sie sind dann alle nur einer, nicht viele, und allein kann einer nicht leben. Dies beschreibt die eine Grenze des Kollektiven bzw. des Versprechens von Gemeinschaft, nämlich einer Aufhebung der Differenzen der Einzelnen in ihr Nicht-mehr-Sein, das zugleich ein Nicht-mehr-Sein dieser Einzelnen als Einzelne sein soll, da sie nun alle gleich seien, bzw. in vielen Fällen auch die politische Forderung nach einem Nicht-mehr-Sein derjenigen beinhaltet, die solcherart gleich nicht sein wollen oder dürfen. Indem der *Fatzer*-Text hier aus vielfältig möglichen Vorstellungen von Gleichheit diese in das Extrem einer absoluten Gleichheit treibt, die sich als Alleinsein der Gemeinschaft der Gleichen äußert, da es nichts anderes, keine Differenz mehr gibt, tritt die Frage nach dem Maß und der Form von Gleichheit als eine notwendig an jede Konstruktion des Zusammenlebens von Einzelnen – z. B. in Form einer Gesellschaft, einer Gemeinschaft oder eines Kollektivs – zu stellende deutlich hervor und wird zum Problem. Es fragt sich bei der Konstruktion von

3 Brecht: Fatzer, S. 461.

Gemeinschaften oder anderen Formen der Zusammengehörigkeit, inwiefern „gleich" etwas und was es dann meinen soll. Damit einhergehend stellen sich Fragen der Berechtigung und des Zulassens von Ungleichheit im Sinne von Differenz in einer Gemeinschaft, von differentem, abweichendem Verhalten, die auch *Fatzer* als eine politische Konfliktlinie durchziehen.

Die andere Grenze zeigt sich in der letzten Zeile des Zitats, nimmt man sie für sich (allein) – „Allein nicht leben". Dann benennt diese Zeile die Unmöglichkeit des/der Einzelnen, allein leben zu können, und stellt damit die Frage, wie viel „allein leben" möglich oder nützlich sei – und damit zugleich, wie viel „gemeinsam leben" nützlich oder möglich sei. Zugleich beschreibt diese Zeile das für den Egoisten Johann Fatzer wohl tödliche Problem, allein nicht leben zu können, weder nur für sich noch in einer Gemeinschaft des Gleich-Allein. Auch der Egoist kann allein nicht leben, sondern nur mit anderen, in irgendeiner Form des Gemeinsam-Seins, und dafür muss diese ihn zulassen. Das *Fatzer*-Fragment wirft somit auch Fragen nach einem sozialen oder politischen Gemeinsam-Sein oder nach Formen von Gemeinschaft auf, die der Text selbst nur als Leerstellen, nur negativ als Abwesende in den Raum ruft, aber nicht zur Darstellung bringt oder bringen kann.

Dies führt zu der Opposition aus „wollen" und „doch nicht können", oder zur Friktion, der notwendigen und unüberwindbaren Differenz zwischen einem Versprechen von Gemeinschaft und dem jeweiligen sozialen Herstellen von Gemeinschaft mit konkreten Einzelnen. Dieses Versprechen, das Wollen zu einer Gemeinschaft und damit die Gestaltung des politischen Imaginären kann ganz unterschiedliche Formen annehmen, ob es sich nun um eine identitäre oder temporäre Gemeinschaftskonzeption handelt, ob Zugehörigkeit zu ihr auf Fremd- und/oder Eigenzuschreibung(en) des/der Einzelnen basiert, etc. Die vielfältigen – historischen oder vielleicht zukünftigen – Behauptungen eines aufeinander verpflichtenden Gemeinsamen, die sich hier assoziieren lassen, scheinen immer wieder zu der Frage zu führen, wie das *munus* einer Gemeinschaft zu denken sei, dasjenige, über das ausgehend von den Einzelnen die Gemeinschaft zwischen ihnen – *com-munitas* – gestiftet wird. In ihrer Lektüre der römischen Quellen zur Sezession und dem Exodus der Plebejer weist Isabel Lorey auf zwei Bedeutungsstränge des *munus* für Vorstellungen von Gemeinschaft und

Konstruktionen der Zugehörigkeit zu einer Gemeinschaft hin: Austausch und Schutz.

> Die eine Bedeutungslinie besteht in der verpflichtenden Gegenseitigkeit des Gebens, womit eine Verpflichtung gegenüber der *res publica*, eine Tätigkeit oder materielle Abgabe für das Gemeinwesen gemeint ist. Die andere Bedeutungslinie betont die Leistungen und Arbeitseinsätze zum Zweck der Verteidigung und des Schutzes desselben.[4]

Es erscheinen hier verschiedene Wege, Gemeinschaft zu begründen und herzustellen, die zugleich beide von Fragen der erwünschten und/oder zulässigen Gleichheit bzw. der erwünschten und/oder zulässigen Differenz strukturiert sind, sowohl in der Konstitution einer Verpflichtung zur Abgabe, zum gemeinsamen Austausch, als auch in einer Konstruktion dessen, wovor die Gemeinschaft schütze.

Diese beiden Linien von Austausch und Schutz lassen sich auch als strukturierend im Verhältnis von Fatzer und seinen Mit-Deserteuren erkennen, die gemeinsam die nationale Kriegsgemeinschaft im Ersten Weltkrieg verlassen, um auf eine neue Gesellschaftsform, die als kommunistische vorzustellen ist und zumindest diese nationale Form von Gemeinschaft sowie ihre Klassenstruktur überwinden soll, hinzuarbeiten. Die Gemeinschaft der Deserteure – wenn es denn eine ist – verpflichtet sich anfänglich im Akt der Desertion aufeinander und setzt diese Verpflichtung in der Entscheidung fort, zusammen zu bleiben, nicht einzeln nach Passau oder Liegnitz zu gehen[5] und darauf zu warten, „daß ein allgemeiner Aufstand des Volkes den sinnlosen Krieg beende und Desertion gutheiße", denn: „Zu viert hofften sie in diesem *von ihnen erwarteten Aufstand* mithelfen zu können".[6] Der Aufstand scheint sie zu viert, nicht als vier Einzelne zu brauchen. Der einander verpflichtende Austausch und Schutz erweist sich jedoch als Abgrund dieser Gemeinschaft, bis es schließlich nicht um den Schutz der oder durch die Gemeinschaft geht, sondern für Fatzer letztlich auch um Schutz vor der Gemeinschaft der drei, die nicht er sind, die nicht mehr mit ihm „zu viert" sind.

Seit Ferdinand Tönnies' *Gemeinschaft und Gesellschaft* (1887) taucht im politischen Diskurs immer wieder eine Unterscheidung, manchmal

4 Isabel Lorey: *Figuren des Immunen. Elemente einer politischen Theorie.* Zürich: Diaphanes 2011, S. 187.

5 Vgl. Brecht: Fatzer, S. 409.

6 Ebd., S. 469.

sich ausschließende Opposition von Gemeinschaft und Gesellschaft auf.[7] In *Fatzer* wird dieses Modell, das auch im Diskurs der Weimarer Republik eine Rolle spielte, durch die Figur der Klasse erweitert und gebrochen. Die Wahrnehmung des Weltkrieges als eines Krieges nationaler Gemeinschaften („Völker") soll mit der eines Krieges von Klassen gebrochen und damit der Weltkrieg in einen Bürgerkrieg verwandelt werden.[8] Es treten mehrere Möglichkeiten der Imagination des Sozialen, des Zusammenlebens der Einzelnen, auf und in Konflikt, zu denen sich als weitere die einer Gesellschaft gesellt, in die sich die vier Deserteure von der Front her aufmachen und die sie in Mülheim an der Ruhr zu finden hoffen. Während ihr „zu viert", das hier als Gemeinschaft verstanden werden kann, aus einem Akt der Entscheidung erst entsteht und weiter erneuert werden muss, erscheint die Gesellschaft, in der sie sind und in die sie kommen, als vorgängig. In ihr ließen sich Betätigungen und ein Alltag finden, der dem an anderer Stelle im *Fatzer* proklamierten Klassenkampf in seiner Haltung der Einfügung in das und Fortführung des Bestehenden zu widersprechen scheint:

> Aus einem großen Krieg kamen vier Männer. Die Stadt, in der sie auftauchten, war sehr groß. An dem Leben dieser Stadt wollten sie teilnehmen. Sie wollten aufstehen morgens um sieben Uhr und im Getriebe der Leute ein Geschäft aufmachen, am Mittag essen und am Abend für Geld einen Kampf anschauen. Sie glaubten, daß sie zu viert dies erreichen konnten. Aber ihr vierter Mann machte alles unmöglich. Obwohl er der stärkste von ihnen war, zeigte er sich von Anfang an als ganz unnütz.[9]

Auch der Alltag in der Gesellschaft, das Leben, das „mir erlaubt sein"[10] muss, erscheint als Forderung und Herausforderung an die Gemeinschaft des „zu viert". Dies führt zurück zur eingangs aufgeworfenen Problematik des Gleich-Allein in Gemeinschaftskonstruktionen und der hier nur zu eröffnenden Frage nach der Anerkennung der Daseinsberechtigung von Differenz[11] als einer gelebten Differenz, d.h. einer, die auch meine Haltung, mein soziales und politisches Handeln verändern kann und darf.

7 Vgl. Juliane Spitta: *Gemeinschaft jenseits von Identität? Über die paradoxe Renaissance einer politischen Idee.* Bielefeld: Transcript 2013, zu Tönnies bes. S. 193–204.

8 Vgl. z.B. Brecht: Fatzer, S. 477–478 (B 59).

9 Ebd., S. 449.

10 Ebd., S. 489.

11 Dies impliziert zunächst keinerlei Wertung dessen, in welchen Fällen die Anerkennung einer solchen Differenz als berechtigter politisch richtig oder falsch sei. Dies kann nur für den jeweiligen historischen Fall eine zu begründende politische Positionierung tun.

Symposium

Juliane Spitta beleuchtet in ihrem Beitrag die Frage nach Gemeinschaft und Einzelnem im *Fatzer* vor dem Hintergrund der völkischen Gemeinschaft des deutschen Kaiserreichs, in deren Namen der Erste Weltkrieg geführt wird. Zugleich gibt sie diesen Krieg – zumindest in seinen Anfängen – als Ausdruck einer kollektiven Sehnsucht nach Gemeinschaft zu denken, an deren desillusioniertem Scheitern Spitta den Einsatz von *Fatzer* verortet. Aufgespannt zwischen einem Denkens des *Einst* – der Hoffnung auf eine *einst* gegenwärtige Gemeinschaft, an deren Einrichtung der Einzelne aktiv beteiligt ist – und einem Denken des *Doppelten Einst* – welches das künftige *Einst* als Widerherstellung einer Art natürlicher Ordnung setzt – liest sie das Scheitern gemeinschaftlicher Entwürfe im *Fatzer* vor diesem historischen Hintergrund als den Versuch, eine Zeit zu denken, deren Möglichkeiten noch nicht gedacht sind.

Claas Morgenroth geht von der Frage nach der strategisch-emanzipatorischen Bedeutung des Gemeinschaftsbegriffes in gegenwärtigen Diskursen aus, wie er z. B. durch Jean-Luc Nancy, Giorgio Agamben oder Maurice Blanchot begründet wurde. Morgenroth liest *Fatzer* nicht nur als kritisches Drama, das zwei historisch in die Krise geratenen, klassischen Varianten des Gemeinschaftsbegriffs – dem natürlichen Miteinander der Bruderschaft als Protoraum des Politischen bzw. dem natürlichen Gegeneinander des Menschen als des Menschen Wolf – eine marxistisch-revolutionäre Vernunftlogik entgegenstellt, sondern als Text, der im Gegeneinander von Kommentar und Drama diese Krise auch auf den vielfältigen Ebenen des Schreibprozesses und der Gegenstandsgewinnung durchlebt und durchführt.

Martin Kaluza betrachtet *Fatzer* vor dem Hintergrund diskursethischer Fragestellungen, im Spannungsgefüge moralphilosophischer und politischer Philosophie. Die scheinbar unlösbaren Interessenskonflikte zwischen Einzelnem und Gemeinschaft im *Fatzer* nimmt er als Ausgangspunkt für die Reflektion grundlegender Fragen nach der Bedeutung von Gerechtigkeit für das Konzept von Gemeinschaft und ihr notwendiges Scheitern. Dabei interessiert ihn nicht nur das Kippmoment der Fatzerfigur, sondern auch die Frage nach Anerkennung und Einsicht.

Mayte Zimmermann schließlich geht in ihrem Beitrag von der Rolle aus, die Brecht im *Fatzerkommentar* dem Asozialen zuspricht und fragt davon ausgehend mit Blick auf die Arbeit *Frontalunterricht* des Berliner Künstlers Ulf Aminde danach, inwiefern jede Form der Theaterpraxis, welche dieses Asoziale als erkenn- und verstehbaren Mitspieler in Szene setzt, nicht gemäß jener Rechnung funktioniert, die den Rest Fatzer verpasst und verspielt.

Gastspiele aus Marburg und Berlin

Zu den Dritten Mühlheimer Fatzer Tagen waren zwei Arbeiten als Gastspiele geladen: *Fatzer*, inszeniert durch Stefan Suschke am Hessischen Landestheater Marburg, und die Arbeit *FLEISCH – ich bin ich, du bist du und es geht schlecht* des Jugendtheaters P14 der Volksbühne Berlin unter der Leitung von Lisa Brüning.

Für Stefan Suschke, der 1992/93 als Regiemitarbeiter Heiner Müllers *Fatzer*-Inszenierung begleitete, war es die dritte Brechtinszenierung am Landestheater Marburg. Der Bezug auf die Müller-Fassung ermöglichte Suschke, eine klare, teilweise fast schon rasant zu nennende Narration zu entwickeln, die *Fatzer* als Abend in dicht aufeinander folgenden Szenen zu erleben gibt. Die Zuschauer_innen kommen auf beiden Seiten eines langen Steges zu sitzen, dessen Spielfläche auf der einen Seite durch einen Chor aus Schüler_innen begrenzt wird und auf dessen anderer Seite ein drei Meter hohes Podest als Ort nicht nur des Kommentars, sondern auch des Erzählens geschaffen ist. Suschke spricht in seinem Beitrag selbst von einem „Raum ohne Verstecke, einem Raum für den Text“[12]: ein Raum, in dem die Schauspieler_innen fast auf tableauartige Weise aus- und aufgestellt sind und die Sprache an die Stelle einer szenischen Illustration tritt.

Im Mittelpunkt der Arbeit von Lisa Brüning mit Immanuel Ayx, Yannick Fischer, Friederike Hirz, Sten Jackolis, Anna Krell und Anna Matz an *Fatzer* stand die persönliche Auseinandersetzung und das Finden und Herstellen von Bezügen zwischen dem *Fatzer*-Stoff und den Lebenswelten der Jugendlichen. Dabei nahm die gemeinsame Arbeit ihren Ausgangspunkt vom Thema Individualismus/Egoismus und der Frage nach dem Krieg, d.h. der Frage, von welchem Krieg die Jugendlichen heute in Bezug auf ihr Leben erzählen konnten. In körperlich intensiven Szenen verbanden sie die *Fatzer*-Texte mit eigenen Monologen in einem beinahe leeren Raum, der ganz von ihrem Spiel und Sprechen getragen und gebaut wurde, aus ihren Interaktionen als Einzelnen und Gruppe.

12 Vgl. den Beitrag von Stephan Suschke in diesem Band, S. 77–84, hier S. 80.

Open Call

Für die Dritten Fatzer Tage schrieb der Ringlokschuppen Ruhr zum ersten Mal einen Open Call für Projekte aus, die auf das Thema „In Gemeinschaft und als Einzelne_r" bezugnehmend für das Festival entwickelt und dort präsentiert werden sollten. Der Open Call richtete sich an alle interessierten Künstler_innen und vor allem ‚freien' und jüngeren Theaterschaffenden und wurde mit ganz unterschiedlichen künstlerischen Vorschlägen beantwortet, so dass es nicht einfach war, eine Auswahl aus den 20 Einsendungen zu treffen. Letztlich konnten drei Projektvorschläge – *You can wash all that shit away* von Katrin Hylla, *FATZER-/KOMMENTAR/VERSUCH/LEHRSTÜCK/FRAGMENT* von Schauf / Millner / Scholtysik / Földesi / Bussmann / Natus und *FATSA/KOINA: Athen* von der Abteilung TAT der EGfKA – realisiert und während der Fatzer Tage gezeigt werden.

Hinter der Idee eines Open Call, der aufgrund seiner guten Resonanz und Ergebnisse auch in den folgenden Jahren wieder durchgeführt werden soll, steckte die Absicht, vor allem jüngere Theaterschaffende mit der Herausforderung *Fatzer* auf eine produktive Weise zu konfrontieren, um davon ausgehend gemeinsam über Möglichkeiten gegenwärtigen Theatermachens nachzudenken und diese praktisch zu erproben. Bekannt ist Brechts Notiz über die Aufgabe der Arbeit am *Fatzer*-Material, die von einer doppelten Herausforderung für alle spricht, die sich mit diesem theatermachend auseinandersetzen:

> Das Ganze Stück, *da ja unmöglich*, einfach zerschmeissen für Experiment ohne Realität! *Zur Selbstverständigung.*[13]

Diese Notiz Brechts lässt sich zum einen auf die fragmentarische Form des Materials beziehen, die Menge an Szenen und Erzähltexten, Chören und Kommentaren, die in ein abgeschlossenes Stück sich nicht bringen lässt. So verstehen z. B. Eva Heubach und Frank Ruda die Unmöglichkeit eines Ganzen als notwendig und konstitutiv für das *Fatzer*-Fragment:

> Das Stück ist dann unmöglich, jedoch notwendig unmöglich und kann so selbst als eine Aussage, als eine Darstellung der eigenen Unmöglichkeit, ein Ganzes zu formen, verstanden werden. Es ist aus dieser Perspektive nicht nur zufällig Fragment geblieben, vielmehr ist seine innere Unvollständigkeit, sein

13 Bertolt Brecht, zit. nach Herausgeberkommentar zu *Fatzer*. In: Ders.: *Werke. Große Kommentierte Berliner und Frankfurter Ausgabe*, Bd. 10.2. Berlin / Frankfurt am Main: Aufbau / Suhrkamp 1997, S. 1114–1150, hier S. 1120.

> Fragmentcharakter konstitutiv für das Stück und man hat dies ebenso konstitutiv in Rechnung zu stellen, will man es verstehen.[14]

Und dies ist wohl ebenso in Rechnung zu stellen, will man damit szenisch arbeiten, und es fordert nun zu einer Theaterpraxis heraus, die bereit sein muss zur Arbeit an der Vielfalt und den Lücken des Fragments. Doch den Blick nicht nur auf die Erscheinungsform des Materials richtend, sondern seinen historischen Hintergrund liest Martin Jürgens in den zwei Worten „ohne Realität" einen anderen Grund Brechts, den *Fatzer* abzubrechen:

> Die für den „Fatzer" konstitutive Dialektik des Verhältnisses von Individuum und Masse, in der „großartigen" Darstellung des asozialen Musters einer anarchischen Individualität diese in ihrer ganzen historischen Bedingtheit (und Überlebtheit) zeigend, gleichzeitig die Probleme solidarischen und kollektiven Handelns thematisierend, findet in den faschistischen Massenbewegungen ihr Ende. Die aufgefächerte Problematik ist in dieser Hinsicht „ohne realität".[15]

Die Frage der Realität kann so nach – und angesichts der ‚Krise' vielleicht auch wieder vor – den faschistischen Massenbewegungen, als einer Formation von Gemeinschaft, für eine heutige Auseinandersetzung mit dem *Fatzer*-Material ebenfalls zur Herausforderung werden. Gerade im Hinblick auf die Verhältnisse von Einzelnem_Einzelner, Einzelnen und Gemeinschaft, also im Blick auf die Gestaltungen des Sozialen, müssen so Form als auch Realität zu Auseinandersetzungspunkten einer produktiven Aneignung des *Fatzer* für gegenwärtige Theaterpraxen werden.

Die Frage nach der Gemeinschaft aufgreifend kam Katrin Hylla mit *You can wash all that shit away* allein nach Mülheim, denn mit Gemeinschaft könne sie nicht dienen. Aber als Einzelne war sie da, zeitweise sogar mehrfach gesplittet in einer Skypekonferenz des gerade im Laufe der Performance gegründeten Künstlerkollektivs Satellit, also im Probenplanungsgespräch mit ihrer dreifachen Vervielfältigung in die unmögliche Gemeinschaft. Zuvor hatte Hylla bereits allein eine Waschmaschine geschultert, die sie an die Grenzen ihrer Einzelfähigkeit brachte, und versucht, sich selbst in bestehende,

14 Eva Heubach / Frank Ruda: Die Notwendigkeit des unmöglichen Ganzen. Brechts „Jahrhunderttext" Fatzer. In: Matthias Naumann / Michael Wehren (Hrsg.): *Räume, Orte, Kollektive. Mülheimer Fatzerbücher 2.* Berlin: Neofelis 2013, S. 18–32, hier S. 19.

15 Martin Jürgens, zus. mit Jutta Biesemann / Rainer Lenze / Jürgen Reiche: „Untergang des Egoisten Johann Fatzer". Versuch einer Rekonstruktion [1985]. In: Ders.: *Helle Ekstasen. Essays zum Theater und zur Theaterpädagogik.* Berlin / Milow / Strasburg: Schibri 2012, S. 165–174, hier S. 172.

per Video projizierte gemeinschaftliche Zusammenhänge, Chöre, Sportvereine, den BDM, eine Gruppe Surrealisten etc., einzuordnen. Ihre Erkundung der (Un)Möglichkeiten der Gemeinschaftsstiftung ließ sie schließlich eine Prozession der Zuschauer_innen bilden, die auf einer Sänfte die Waschmaschine vor den Ringlokschuppen in einen Kreis anderer, mit *Fatzer*-Texten beschrifteter Waschmaschinen trug, wo Hylla die Waschmaschine in den Schleudergang startete, um sie mit einem in die Trommel geworfenen Stein sich an der eigenen Bewegung zerstören zu lassen. Dies hatten eine Vielzahl von Internetmitteilungen für möglich erachtet, doch die Waschmaschine war Fatzer und verweigerte sich ihrer Zerstörung.

Wie für Katrin Hylla war auch den anderen beiden Projekten eine Aufmerksamkeit für die gemeinsame Theaterarbeit als eine Form des Umgangs mit Fragen von Gemeinschaft oder des Kollektiven wichtig. Dabei stellte die Gruppe aus Daniel Schauf, Carolin Millner, Philipp Scholtysik, Bettina Földesi, Jacob Bussmann und Lena Natus die genaue Erkundung von Abläufen und Prozessen, Wiederholungen und Abweichungen ins Zentrum ihrer Untersuchung dessen, wie sich einzelne Texte aus dem *Fatzer*-Fragment sprechen und wie sich auf der Bühne gestisch mit ihnen umgehen ließe. Durch eine vorangegangene Inszenierung von Brechts *Maßnahme* bereits aufeinander eingestimmt, entwickelten sie einen sehr ruhigen, nüchternen Ton, der die ausgewählten Texte neu und in ihrer vielfältigen Offenheit zu hören gab. Während Grundelemente eines gestischen Repertoires entwickelt worden waren, ergab sich aus der Konzentration aufeinander und der in jeder Probe bzw. Aufführung je neuen Aufnahme von gestischen Vorschlägen des/der eine_n durch den/die darauf folgende_n andere_n immer variierende Abläufe und Folgen, die aus dem nacheinander Vortreten, auf die Bühne Gehen je eines Spielers/einer Spielerin und dem Vollzug von Gesten, oft mit kleinen Variationen zum/zur Vorgänger_in, und dem Sprechen der Texte bestanden.

Die Abteilung TAT der Europäischen Gemeinschaft für kulturelle Angelegenheiten (EGfKA), bestehend aus Tina Turnheim, Sabrina Apitz und Florian Thamer, schließlich bezog in einer gemeinsamen Arbeit mit Sten Jackolis, Matthias Kelle, Dafni Sofianopoulou, Olivia Stutz und Julian Thamer *Fatzer* auf die gegenwärtigen politischen und sozialen Realitäten politischen Handelns angesichts der ‚Krise', auf geschehende Riots und erwartete Aufstände. Die Arbeit an *FATSA/KOINA: Athen* begann mit einem Workshop im besetzten

Athener Embros-Theater und entwickelte sich als ein Prozess, der die Frage nach den gegenwärtigen politischen Realitäten und Formen politischer Handlungsmöglichkeiten und -gemeinschaften nicht nur in Inhalt und Form der gezeigten Aufführung stellte, sondern auch als dauernde Herausforderung an den gemeinsamen Arbeitsprozess, in dem die Aufführung entstand. Auffällig war dabei die Zusammenarbeit ausgebildeter Schauspieler_innen und freier Performer_innen in einer Weise, die den Abstand zwischen Fatzer und den anderen auch formal reflektierte, während zugleich Griechenland über den Rundgang des Fatzer durch die Stadt Athen als ein Ort der ‚Krise' gegenwärtig wurde und so die historischen Zeiten und politischen Fragen ineinander verschob.
Von Gedanken des Brecht'schen Lehrstücks ausgehend schlagen Florian Thamer und Tina Turnheim schließlich im letzten Text des Buches ein Theater der Sorge als mögliche Praxis der Gegenwart vor, politisch politisches Theater zu machen, zu dem gehört, die Formen der gemeinsamen Theaterarbeit auch als politisch bewussten Prozess zu gestalten.

In Gemeinschaft und als Einzelne_r

Umkämpfte Gemeinschaften

Fatzer im Kontext des zeitgenössischen Gemeinschaftsdiskurses

Juliane Spitta

Mittwoch. Der Tag im dritten Jahr des Ersten Weltkrieges, an dem Fatzer genug hat und beschließt, dass er keinen Krieg mehr machen wird, steht in Bertolt Brechts Werk für die Ankündigung einer Aufkündigung von Zugehörigkeit. Die Entscheidung, wenn nicht den Krieg an sich, so doch die eigene Teilhabe daran zu beenden, ist nichts weniger als die Offenbarung des Austritts aus der Gemeinschaft.

Das Wort Gemeinschaft ist hier in doppelter Weise zu verstehen. Zunächst natürlich als Gemeinschaft der kämpfenden Soldaten im Ersten Weltkrieg, die im *Fatzer* jedoch implizit eine weitere, eine zweite gemeinschaftliche Formation zu bedenken gibt: Die Kriegsgemeinschaft der Weltkriegssoldaten verweist uns auf die völkische Gemeinschaft des deutschen Kaiserreichs, desjenigen Nationalstaates, in dessen Namen dieser Krieg geführt wurde. Dieser Verweis ist eminent wichtig für die politische Bedeutungsdimension des *Fatzer*, denn die Zugehörigkeit zu dieser Art von Gemeinschaft galt Anfang des 20. Jahrhunderts in Deutschland im Allgemeinen als naturgegeben, als quasi organisch determiniert und als nicht verhandelbar. Mit seiner Absicht auszutreten, destabilisiert, subvertiert und dekonstruiert Fatzer ‚nebenbei' scheinbar überhistorisch gültige Sinnstrukturen im Bereich des Politischen Imaginären.[1] Mit seiner angekündigten Aufkündigung der Zugehörigkeit bewegt er sich daher in doppelter Weise jenseits der definitorischen Grenzen seiner Zeit.

Brecht stellt nun im *Fatzer* zwei Modelle des Verständnisses von Gemeinschaftlichkeit gegeneinander: Erstens die bereits erwähnte,

1 Das Politische Imaginäre bezeichnet das Feld des Diskurses, auf dem sich Identitätsvorstellungen und Subjektivierungsweisen konstituaieren. Der Begriff bezieht sich auf Cornelius Castoriadis: *Gesellschaft als imaginäre Institution*. Frankfurt am Main: Suhrkamp 1994. Im deutschsprachigen Raum wurde er durch Albrecht Koschorke und Susanne Lüdemann etabliert, die seit 2003 die Forschungsstelle „Kulturtheorie und Theorie des Politischen Imaginären" in Konstanz leiten.

durch scheinbar unumstößliche, biologische Grenzen definierte nationale Volksgemeinschaft. Hierbei handelt es sich, das macht auch Brecht unmissverständlich deutlich, um das im Politischen Imaginären seiner Zeit hegemoniale Denkmodell. Zugleich verweist uns *Fatzer* auf ein zweites, ein anderes und neues Modell der Zusammengehörigkeit, auf eine solidarische Gemeinschaft jenseits einfacher Definitions- und Zugehörigkeitsmuster, die die Unausweichlichkeit der Volksgemeinschaft in Frage stellt. Diese andere Form der Zusammengehörigkeit wird von Brecht nicht zufällig weder klar umrissen noch eindeutig definiert. Sie bleibt eine Art Subtext und ist lediglich in den Chören angedeutet, die die Handlungen der Protagonisten kommentieren:

> So verlassen die Besten, ist an ei-
> nem Punkt der Erdoberfläche
> Eine Idee aufgetaucht, sofort die
> Position (den Krieg) und nichts
> Hält sie zurück, die Zeit spaltet
> Sich in alt und neu, sie tun nichts
> Altes mehr.
> Aber die Zeit rollt noch weiter.[2]

Fatzers Ausbruch aus der Gemeinschaft markiert den Anbruch einer neuen Zeit, aber auch diese neue Zeit verbleibt bei Brecht in einer Unentschiedenheit zwischen Utopie und Schreckensszenario. Das Neue trägt das Versprechen der Befreiung ebenso in sich wie die Drohung einer anderen, tieferen, weil selbst gewählten Einkerkerung im Namen von Freiheit und Emanzipation. Denn es ist nicht einfach das Neue, das mit Fatzers Austritt an die Oberfläche dringt. Die Zeit spaltet sich auf. Doch der Spalt, der sich auftut und der mit Jacques Rancière als Wechsel von der Ordnung des Polizeilichen zu der des Politischen beschrieben werden kann,[3] lässt sich nicht auf eine einfache Teilung im Sinne von Krieg und Frieden, Unterwerfung und Freiheit reduzieren. Das Neue, das sich zeigt, ist nicht einfach neu, es trägt die Strukturen und Verwerfungen der Vergangenheit in sich. *Fatzer* fordert uns unweigerlich auf anzuerkennen, dass die Zukunft die Vergangenheit in sich trägt. Im Hinblick auf den Gemeinschaftsbegriff ist es von Bedeutung, dass uns lediglich transzendente Gründungsmythen davor bewahren

2 Bertolt Brecht: Fatzer. In: Ders.: *Werke. Große kommentierte Berliner und Frankfurter Ausgabe*, Bd. 10.1. Berlin / Frankfurt am Main: Aufbau / Suhrkamp 1997, S. 387–529, hier S. 439.

3 Vgl. Jacques Rancière: *Das Unvernehmen.* Frankfurt am Main: Suhrkamp 2002.

können zu begreifen, dass das Neue *in* und *aus* den Praktiken der Gegenwart geboren wird und jede Neuordnung daher eine (unabgeschlossene) Auseinandersetzung mit den Strukturen und Verwerfungen der Vergangenheit ist. Fatzer und seinen Kameraden gelingt es auch nach ihrer Desertion nicht, althergebrachten Strukturen und Traditionen zu entfliehen und die Fiktionen der national-völkischen Kriegsgemeinschaft hinter sich zu lassen. Während sie auf die Revolution warten, lastet das Alte mit seinen Traditionen auf ihnen und zerreibt sie entlang der Konfliktlinie zwischen dem Einzelnen und der Gemeinschaft. Sie scheitern in brutalster Weise daran, eine neue Form der Gemeinschaft ins praktische Leben zu übersetzen. Diese hoffnungslose Negativität des Brechtschen Stücks ist unbestreitbar und für das fragmentarische Werk mindestens ebenso prägend wie die Idee des Neuen und das Insistieren auf der Möglichkeit des Einzelnen, eine neue Gemeinschaft jenseits nationalistischer Fiktionen mitgestalten zu können. *Fatzer* ist nur in dieser gemeinschaftspolitischen Ambivalenz zwischen Sehnsucht und Angst zu verstehen.[4]

Kampf, Krieg und Gewalt

Brecht beginnt seine Arbeit am *Fatzer* 1926. Gleichwohl mit diesem Jahr eine kurzfristige außenpolitische Entspannung verbunden ist, gab es zu dieser Zeit zwei übergeordnete Themen, die direkt oder als Subtext dem gesamten Feld des Politischen ihren Stempel aufdrücken: Es sind dies der Krieg und die Gewalt. Diese Prägung wird auch im *Fatzer* überdeutlich. Brechts Fragment widmet sich der kommenden Gemeinschaft und der Hoffnung auf das Neue, primär zeugt das Zusammenleben im *Fatzer* jedoch nicht von Emanzipation und Freiheit, sondern von Krieg, Kampf und Gewalt.
Die Dominanz der Themen Krieg und Gewalt in der Nachkriegszeit lässt sich an fast allen bedeutenden Werken der mittleren Zwanziger Jahre aufzeigen, an den Werken der Gruppe 1925 oder an Walter Benjamins einflussreichem Aufsatz zur *Kritik der Gewalt.* Auch die

4 Vgl.: „Aber ich hab die / Augen offen gehabt und gesehn, daß / Eine neue Zeit anfängt und / Mit dem Volk / Etwas und was noch nie war / Und man sieht Leute herumgehn, die / Man sonst nie gesehn hat, das / Kommt / Weil alles, was unten ist / Heraufkommt / Wo früher / Ein Mensch war und ein anderer / Da ist jetzt die Masse, ein / Massemensch und es bleibt alles / Zusammen [… /] Denn jetzt stehn wir / An der Schwelle von dem Land / Das uns gehört." (Brecht: Fatzer, S. 409–410.) Anhand der Rede vom Massemenschen verdeutlicht sich die Ambivalenz von Brechts Blick auf die kommende Gemeinschaft, da dieser sowohl als Hoffnungsträger als auch als Schreckensbild fungiert.

breite Rezeption von Antonio Gramsci in der deutschen Linken ist nicht davon zu trennen, dass der Kampf in dessen Gesellschaftsanalyse eine derart herausgehobene Rolle spielt. Die Linke stand mit dieser Fixierung auf Krieg, Kampf und Gewalt nicht allein. Auf der Seite der politischen Rechten wurde sowohl von Faschisten, von Völkischen als auch von kaisertreuen Monarchisten Carl Schmitts kämpferische Demokratiekritik und seine Freund-Feind-Unterscheidung rezipiert. Ein Begriff des Politischen, wie Schmitt ihn entwarf, der selbiges im Kern als Kampf definierte,[5] war weit verbreitet. Populär waren zudem Kriegsromane, wie die Ernst Jüngers, in denen vom Vitalismus des Kampfes und den heroischen Erlebnissen auf den Schlachtfeldern des Ersten Weltkriegs berichtet wird. Die Auswirkungen des Krieges auf das Verständnis der politischen Gemeinschaft können auch nach seinem Ende kaum überbewertet werden. Bildlich gesprochen blieb das öffentliche Leben nach 1918 mit dem Virus des Krieges infiziert. Das Politische, das Individuelle und das Gemeinschaftliche wurden als gewaltsamer, fortwährender Kampf betrachtet, so dass Carl von Clausewitz' Diktum, die Politik sei zur Fortsetzung des Krieges mit anderen Mitteln geworden, in diesem Zusammenhang eine zusätzliche Ebene der Bedeutung erhält.

Natürlich ist die geistesgeschichtliche Entwicklung in Deutschland in ihrer Besonderheit nicht nur durch den Einfluss des Krieges zu erklären. Die besondere historische Entwicklung, die in den langjährigen Kämpfen um einen einheitlichen Nationalstaat, in der sprichwörtlich gewordenen Identitätskrise der Deutschen und im Militarismus des Kaiserreichs zum Ausdruck kam, spielt ebenso eine entscheidende Rolle. Erst durch das Zusammenspiel dieser Vorbedingungen mit den strukturellen Auswirkungen des Krieges konnte dieser in Deutschland als eine Maschine der Brutalisierung wirken.[6]

Dabei war dieser Krieg wie keiner zuvor ein Gemeinschaftsprojekt gewesen. Er war in Deutschland als vermeintlich heroischer und ehrwürdiger Kampf von Millionen herbeigesehnt worden. Der Erste Weltkrieg hatte mit Massenkundgebungen jubelnder und kriegsbegeisterter Deutscher begonnen und endete mit ebenso massenhaften Kundgebungen gegen das sinnlose Töten und

5 Vgl. Carl Schmitt: *Der Begriff des Politischen* [1932]. Berlin: Duncker & Humblot 1963.

6 Vgl. Eric J. Hobsbawm: *Das Zeitalter der Extreme. Weltgeschichte des 20. Jahrhunderts.* München: Hanser 1995, S. 163.

Sterben. Kundgebungen von Menschen wie Fatzer, die beschlossen hatten, nicht mehr mitzumachen und der nationalen Kriegsgemeinschaft den Rücken zu kehren. Kundgebungen, in denen ein neues, gemeinschaftliches Subjekt gegen Kaiser und Krone versuchte, politisches Selbstbewusstsein zu demonstrieren und mit seinen Hoffnungen letztlich in und an sich und den gesellschaftlichen Umständen scheiterte.[7]

Was war passiert? Wie allgemein bekannt, hatte die Wirklichkeit des Krieges nichts mit den heroischen Bildern vom ehrenhaften Kampf gemein und die Realität der Soldaten bestand aus einer explosiven Mischung aus Gewalt, Tod und Brutalität, aus Angst und Langeweile, Hunger und Alkohol sowie aus mangelnder Hygiene. Die Generation junger Männer, die als Helden bejubelt in den Krieg gezogen waren, kehrte vier Jahre später physisch und psychisch zerrüttet und von ihrem vorherigen Leben entfremdet in die Gesellschaft zurück. Jenseits der sozialen Gegensätze hatte die lebensgeschichtliche Erfahrung des gemeinsamen Krieges eine Verbindung zwischen ihnen geschaffen. Eine Verbindung, die sie vom Rest der Gesellschaft entfernte.

Der Krieg war eine gemeinschaftliche und eine gemeinschaftsstiftende Erfahrung gewesen. Zu Beginn war es ihm sogar gelungen, die unüberwindbar erscheinenden politischen Lagerkämpfe der Vorkriegszeit für eine kurze Weile zu entschärfen. In der burgbefriedeten, deutschlandweiten Kriegsbegeisterung, die zeitweilig selbst die kommunistischen Arbeiter erfasst hatte, schien es für einen Moment, als sei aus der national-politischen Imagination Wilhelms II, „*keine Parteien, nur noch Deutsche zu kennen*", Realität geworden. Nach dem Krieg traten jedoch die Klassengegensätze und die politischen Antagonismen umso deutlicher wieder zutage. Die paradoxe Konsequenz dieser gemeinsamen Erfahrung war, dass diejenigen, die gemeinsam im Schützengraben gelegen hatten, sich nur wenig später in blutigen Straßenkämpfen unversöhnlich gegenüberstanden. Deutschland war in dieser Nachkriegszeit innenpolitisch mehr denn je geprägt von realen und in ihrer komplexen Vielschichtigkeit unüberschaubar anmutenden Kämpfen. Es kämpften Linke und Kommunisten gegen Rechte und Faschisten. Aber auch innerhalb der Lager gab es viele, zum Teil unüberblickbare Feindschaften (Kommunisten und Sozialisten standen

7 Im Schicksal der Novemberrevolution und dem Untergang der Hoffnungen auf eine neue Gesellschaft spiegelt sich das Schicksal von Fatzer und seinen Kameraden.

Sozialdemokraten nicht erst seit der Novemberrevolution mit tödlicher Feindschaft gegenüber, die ihr Verhältnis bis heute prägt. Darüber hinaus bekämpften Nationalliberale die Konservativen, während die nationalsozialistischen Faschisten teilweise ihre völkischen Konkurrenten bekämpften und Monarchisten, Freikorps und Kaisertreue gegen Demokraten aller Couleur ins Feld zogen.) Der Krieg hatte die politischen Kämpfe in einer bisher ungekannten Weise radikalisiert und er hatte sie existentialisiert. Das anonymisierte Massensterben hatte den Mythos von der Gemeinschaft bis in den Tod anders als geplant gegenständlich werden lassen. Die in der politischen Öffentlichkeit der Weimarer Republik allgegenwärtige Diskussion um das Verhältnis zwischen Einzelnem und Gemeinschaft war von dieser existentiellen Ebene maßgeblich geprägt.

Gemeinschaftssehnsucht – Einst oder doppeltes Einst?

Gleichzeitig hatten Krieg, Krise und die politische Instabilität der vergangenen Jahrzehnte – und das wiederum war ein über alle politischen Lager hinweg verbindendes Element – einer allgemeinen Gemeinschaftssehnsucht Vorschub geleistet. Dabei verblieb die Sehnsucht nach Ankunft und Aufhebung in einer Gemeinschaft jenseits von Krise und Prekarität stets in einem uneindeutigen semantischen Spannungsfeld zwischen Verlust und Versprechen. In dem Maße, in dem Vergangenheit und Gegenwart als gewaltsam, unsicher und fragil wahrgenommen wurden, schaffte es die Gemeinschaft jenseits der gesellschaftlichen Realitäten als vermeintlich überpolitischer Garant von Einheit, Sicherheit und Stabilität zu einem Ideal des Politischen zu avancieren. Inmitten des kulturellen Aufbruchs der 1920er Jahre konnte der Gemeinschaftsenthusiasmus im Anschluss an die Romantik ein zweites Mal zur vollen Blüte gelangen. Die Gemeinschaftssehnsucht ging mit einer Renaissance der Romantik des 19. Jahrhunderts einher, doch im Gegensatz zur Romantik offenbarte sich das neue Gemeinschaftsdenken explizit als ein politischer Aufbruch: Anders als die Romantiker, die sich (trotz politischer Wirkungsmacht) als unpolitische Träger eines natürlichen Lebensgefühls verstanden hatten, umwehte die Gemeinschaftssehnsucht in den 1920ern der Hauch eines Hobbes'schen Konstruktivismus.[8]

8 Zum Gemeinschaftsdenken in der Romantik vgl. Juliane Spitta: *Gemeinschaft jenseits von Identität? Über die Renaissance einer paradoxen Idee.* Bielefeld: Transcript 2013, S. 125–126.

Der Konstruktivismus verdeutlicht sich exemplarisch in Fatzers Glauben daran, dass Menschen für ihre eigene Geschichte verantwortlich sind und sie in der Art mitgestalten können, dass sie z. B. aus für sie vermeintlich natürlich vorgesehenen, gemeinschaftlichen Zusammenschlüssen austreten und dazu beitragen können, etwas Neues hervorzubringen. Auch wenn Brecht kein Freund von dessen Utopismus war, verbindet sich hier im Grunde Ernst Blochs Prinzip der Hoffnung im Sinne des Glaubens an die Möglichkeit einer anderen Welt mit der Sehnsucht nach einer neuen Zeit der Gemeinschaft. Diese in die Zukunft gerichtete Sehnsucht lässt sich als Denken im Modus des *Einst* beschreiben, da es um das Versprechen bzw. die Hoffnung auf eine zukünftige, *einst* gegenwärtige Gemeinschaft geht, an deren Einrichtung der Einzelne aktiv zu beteiligen ist.

Diese Form der Sehnsucht nach einer neuen Form von Gemeinschaft war zu Beginn des Jahrhunderts überall in der Gesellschaft zu finden, denn die Unzufriedenheit mit der Gegenwart war überaus verbreitet, und auch wenn die Vorstellungen von der Beschaffenheit dieser zukünftigen Gemeinschaft weit auseinanderklafften, die Hoffnung auf eine andere Gegenwart, die Sehnsucht nach gemeinschaftlicher Aufhebung und Zugehörigkeit war ein allgemein verbindendes Element. Es lässt sich allerdings eine Grenze zwischen den Gemeinschaftsbegriffen der Rechten und der Linken ziehen, die auch im *Fatzer* thematisiert wird. Diese Grenze ist markiert durch den Unterschied zweier Denkmodelle: *Einst* und *doppeltes Einst*.

Das erste Einst besteht also darin, die Gegenwart im Hinblick auf eine ersehnte, mögliche Zukunft zu betrachten. Das Denken im Modus des *Doppelten Einst* ist nun dadurch bestimmt, dass dieses erste, zukünftige *Einst* als Wiederherstellung einer Vergangenheit bzw. als Korrektur einer ursprünglichen und natürlichen Ordnung interpretiert wird. Die zukünftige Gegenwart und die kommende Gemeinschaft werden als Rückkehr zu einer ursprünglichen, verlorenen Gegenwart umgedeutet.

Dieses Denken geht u. a. auf Jean-Jacques Rousseaus kulturpessimistische Schriften zurück. Seine Grundlage besteht in einer spezifischen Form der Abwertung der gesellschaftspolitischen Gegenwart mithilfe der erbaulichen Fiktion einer nie gewesenen Vergangenheit. Im gemeinschaftspolitischen Kontext bedeutet das, Ursprung und Finalität, das Wesen und die Beschaffenheit der Gemeinschaft werden auf einer scheinbar ursprünglichen, vorpolitischen Ebene verortet und naturalisiert. Die Folge ist erstens eine Verschleierung der Produktions- und Konstruktionsbedingungen von kollektiven Selbstverhältnissen im marxschen Sinne einer Fetischisierung, die dazu beiträgt, Produkte menschlichen Handelns auf einer scheinbar natürlichen und damit unangreifbaren Ebene zu verorten. Das Wesen der Gemeinschaft erscheint auf diese Weise als unabänderliches Naturverhältnis. Aus dieser Naturalisierung folgt zweitens eine komplexe Entpolitisierung von kollektiven Selbstverhältnissen. Die scheinbar natürliche, idealisierte gemeinschaftliche Vergangenheit wird als verloren und abwesend bestimmt und mithilfe des Begriffs der Entfremdung als Gegensatz zur politischen Gegenwart aufgebaut. Der angebliche Verlust dieser ursprünglichen und natürlichen Gemeinschaft wird der gegenwärtigen Gesellschaft angelastet. Das heißt konkret, dass die gemeinschaftspolitische Wegstrecke auf die Annäherung an eine vermeintlich verlorene, obgleich nie anwesend gewesene und unmögliche Realität festgelegt wird. Unmöglich und konstitutiv abwesend ist diese Vergangenheit, weil es *die* Gemeinschaft niemals gegeben hat; weder in einer vermeintlich harmonischen, germanischen Vergangenheit noch in Rousseaus Goldenem Zeitalter oder bei indigenen Urvölkern. Gleichwohl bevölkern derartige Imaginationen seit dem 19. Jahrhundert das Politische Imaginäre und spielten in Deutschland besonders nach dem Ersten Weltkrieg eine wirkungsmächtige Rolle. Im Modus des *Doppelten Einst* wird die Gemeinschaft als gewesen-verlustiges und zugleich als zukünftig-kommendes Ideal der Wiederkehr jenseits einer als krisenhaft wahrgenommenen gesellschaftlichen Gegenwart verortet. Mit dieser scheinbar vorpolitischen Denkfigur wird gleichwohl auf die politische Gegenwart enormer Einfluss ausgeübt, da gemeinschaftspolitisch gegenwärtige Konstruktionen sich nicht nur vor der Hoffnung auf eine bessere Zukunft, sondern sich darüber hinaus dafür vor einer nie gewesenen Vergangenheit verantworten müssen.[9]

Das gemeinschaftspolitische Imaginäre um die Jahrhundertwende war bis weit in die Mitte der Gesellschaft geprägt von diesem Sehnsuchtsdiskurs im Modus des Doppelten Einst, denn das Denken des Politischen war allgemein geprägt von Naturalisierung, Überdeterminierung und Fetischisierung. Die Imagination einer vermeintlich urwüchsigen, deutschen Volksgemeinschaft war schon im

9 Vgl. Spitta: *Gemeinschaft jenseits von Identität?*, S. 97–98.

19. Jahrhundert zu einem weit verbreiteten und scheinbar neutralen Ideal avanciert. Volk und Gemeinschaft, Begriffe, die in dieser Zeit in Deutschland quasi synonym gebraucht wurden, galten durch eine ominöse Vorstellung von Geschichtlichkeit als Garanten von Identität und Ursprünglichkeit, obgleich es ihren romantischen Narrationen beständig an ebendieser Historizität mangelte.
Der Soziologe Ferdinand Tönnies, der 1887 die wesentlichen Grundlagen dieses Denkens zusammenfasste, obgleich seine Schrift erst in den 1920er Jahren populär wurde, schuf einen theoretischen Rahmen für dieses Denken, indem er den bis heute einflussreichen begrifflichen Gegensatz zwischen Gemeinschaft und Gesellschaft etablierte.[10] Auf der einen Seite des Gegensatzpaares steht die Gemeinschaft in einer Linie mit den Begriffen Organizität, Unmittelbarkeit, Natürlichkeit und Wesenhaftigkeit. Als Gegenpart fungiert die Gesellschaft, die mit Begriffen wie Künstlichkeit, Abstraktheit, Kulturalität und Entfremdung assoziiert wurde. Tönnies war sowohl für die politische Linke als auch für die Rechte anschlussfähig, obgleich er sich als überzeugter Sozialdemokrat von der Rechten missbraucht fühlte. Mit seiner Argumentation im Modus des *Doppelten Einst* traf er den Zeitgeist und beklagte den Verlust von ursprünglich-natürlicher, gemeinschaftlicher Zusammengehörigkeit zugunsten von artifiziellen, zweckrationalen, gesellschaftlichen Verbindungen. Den Grund dafür macht Tönnies in der kapitalistischen Moderne aus, die durch Egoismus und einen Materialismus des Geldes den Menschen von seiner Natur und seinem Wesen entferne, ihn entfremde und dazu zwinge, willkürliche, künstliche und zweckrationale Verbindungen einzugehen. Der Gegensatz zwischen Gemeinschaft und Gesellschaft, der sich zu Beginn des 20. Jahrhunderts im allgemeinen Sprachgebrauch durchsetzte, ist eine Besonderheit der deutschen Sprache. Das gilt für den Gegensatz an sich, für die identitätspolitische Tiefendimension, die Gemeinschaft, Wesen und Natur miteinander verschränkt, als auch für die scheinbar naturwüchsige Verbindung der Begriffe Gemeinschaft und Volk.[11]

10 Vgl. Ferdinand Tönnies: *Gemeinschaft und Gesellschaft*. Leipzig: Fues 1887.
11 Vgl. Spitta: *Gemeinschaft jenseits von Identität?*, S. 193–194.

Nationalismus und Biologismus

Die enge Verzahnung von Gemeinschaft und Volk im Politischen Imaginären des deutschsprachigen Raums war eine Erfindung des 19. Jahrhunderts und des mit der verspäteten Herausbildung eines einheitlichen Nationalstaates beginnenden sogenannten deutschen Sonderwegs. Der deutsche Nationalismus war seit seinem Entstehen mit einer besonderen identitätspolitischen Tiefe und einem idealistischen Begriff der Innerlichkeit assoziiert, der in anderen Ländern unbekannt war. Die Vorstellung gemeinschaftlicher Identität fiel hier eher mit dem deutschen Konzept des Volkes, äquivalent mit dem der Kulturnation, weniger mit den Begriffen des Staates oder der Gesellschaft zusammen. Da die Nationalbewegung nicht mit der Herausbildung eines eigenständigen Nationalstaats einhergegangen war, hatte der Gemeinschaftsbegriff stattdessen unmittelbar in die Debatten um die Krise der deutschen Kollektividentität eingegriffen, Volk und Gemeinschaft wurden miteinander identifiziert und jenseits politischer Realitäten angerufen.

Diese besondere gemeinschaftspolitische Entwicklung erhielt in der zweiten Hälfte 19. Jahrhunderts eine zusätzliche Relevanz durch den Siegeszug des Biologismus. Die Bedeutung der Verbindung von Biologismus und Nationalismus für das gemeinschaftspolitische Imaginäre zu Beginn des 20. Jahrhunderts war enorm. Die entscheidende Neuerung war, dass hinter dem Biologismus ein umfassendes Weltbild stand, das Anspruch auf wissenschaftliche Objektivität und damit auf überhistorische Geltung beanspruchte. Dieser Anspruch sollte die Textur des Gemeinschaftsdenkens unwiderruflich verändern. Im Bezug auf *Fatzer* ist ein Verständnis dieser Veränderungen notwendig, um die umfassende Bedeutung von Fatzers Austritt aus der Kriegsgemeinschaft zu verstehen.

Mit der Politisierung der Lehren Charles Darwins hielt die Biologie Einzug in das Politische Imaginäre. Der Einfluss des Sozialdarwinismus auf das Gemeinschaftsdenken zu Beginn des Jahrhunderts war umfassend. Darwins Theorien über Zucht- und Selektion bei Tieren wurden zur Eugenik (zu deutsch Rassenhygiene) weiterentwickelt und der Sozialdarwinismus beförderte eine paradoxe Wahrnehmung: Das Wesen der Gemeinschaft schien einerseits von objektiven biologischen Naturgesetzen organisiert, anderseits drohte es aufgrund der fatalen Auswirkungen der Moderne aus dem Gleichgewicht zu geraten, so dass es schien, als müsse die Kontrolle über den Evolutionsprozess durch Zucht- und

Ausleseverfahren wieder-erlangt und die Degeneration der rassischen Gemeinschaft abgewendet werden. Die Gemeinschaft wurde auf diese Weise einerseits durch den Begriff der Rasse umfassend naturalisiert, paradoxerweise wurde gleichermaßen der Anschein erweckt, nur ein aktives Eingreifen in die Gemeinschaftspolitik könne sie vor ihrem Verfall retten und die Natur wieder-herstellen.[12]
Der Siegeszug der Rassenhygiene begann am Ende des 19. Jahrhunderts. Er war (nicht nur in Deutschland) überaus erfolgreich. Es dauerte nur wenige Jahre, bis der Begriff des Rassenkampfes zum Grundlagenvokabular politischer Debatten gehörte. Im Kaiserreich avancierte „Rasse" jenseits der politischen Lager zu der maßgeblichen Kategorie für die Bestimmung kollektiver Zugehörigkeit, so dass ab den 1910er Jahren Rassenhygiene auch an Universitäten und Schulen gelehrt wurde. Im Kontext von Imperialismus und Erstem Weltkrieg schienen rassenpolitische Fragen höchste Priorität zu beanspruchen. Das hatte neben vielen anderen einen entscheidenden Aspekt, der im Hinblick auf die gemeinschaftspolitische Thematik des *Fatzer* zentral ist – rassenpolitische Fragen verdrängten zunehmend die soziale Frage.[13]
Ein Schlüssel zum Erfolg der rassistisch-biologistischen Gemeinschaftstheorien lag in ihrer vermeintlich wissenschaftlichen Objektivität, die Klarheit und zugleich Sicherheit und Stabilität suggerierte. War in den Jahrzehnten zuvor immer wieder über die Legitimation und über die Grenzen der Gemeinschaft diskutiert worden, gaben biologistische Deutungen einfache und scheinbar eindeutige Antworten. Es schien, als bedürfe es lediglich einer endgültigen Klärung der „Rassenfrage", um das Wesen der Gemeinschaft und damit Fragen der Zugehörigkeit objektiv und unumstößlich zu definieren. Es fand ein Paradigmenwechsel statt: vom romantischen und voluntaristischen Gestus des Deutsch-Sein-Wollens in den Modus des faktisch-biologischen Deutsch-Seins.[14]
Dabei entsprachen die neuen Theorien der Figuration des *Doppelten Einst* in einer besonderen Weise. Die völkisch-biologisch begründete Gemeinschaft galt zum einen als zeitlos-überhistorisch, als natürliche, immer schon gewesene Eigentlichkeit und zugleich

12 Vgl. Spitta: *Gemeinschaft jenseits von Identität?*, S. 173–174.

13 Vgl. Peter Weingart / Jürgen Kroll / Kurt Bayertz: *Rasse, Blut und Gene. Geschichte der Eugenik und Rassenhygiene in Deutschland.* Frankfurt: Suhrkamp 1992, S. 243.

14 Vgl. Michael Jeismann: *Das Vaterland der Feinde. Studien zum nationalen Feindbild und Selbstverständnis in Deutschland und Frankreich 1792–1918.* Stuttgart: Klett-Cotta 1992, S. 254.

erschien die bewusste Gestaltung der Rasse durch sozialhygienische und bevölkerungspolitische Maßnahmen als notwendige Aufgabe für die Zukunft, um die Richtigkeit der Naturentwicklung wieder-herzustellen. Die einst gewesene, verlorene und reine Natur der Rasse verbindet sich mit dem Versprechen des Wiedererlangens der wahrhaften und reinen Gemeinschaft durch die aktive, rassenpolitische Mitgestaltung der Zukunft.

Wie auch im *Fatzer* die Grenzen zwischen alt und neu, Freiheit und Unterdrückung verschwimmen, sind auch in diesem Kontext die Unterschiede zwischen linken und rechten, emanzipatorischen und völkischen Gemeinschaftskonzeptionen nicht ganz einfach zu ziehen. Zumal gemeinschaftspolitische Fragen in der Weimarer Republik höchste Priorität genossen und die Deutungshoheit klar bei den Rassentheorien lag. Sozialdemokraten und Kommunisten lehnten zwar Rassismus deutlich und offiziell ab, waren biologistischen und zum Teil auch rassenhygienischen Theorien gegenüber aber aufgeschlossen. Begründet wurde dies vor allem durch die Orientierung der Rassentheorien am Modell der Naturwissenschaften. So wird bis weit in die aktuelle historische Forschung hinein verkannt (oder verleugnet), dass es eine positive Rezeption eugenischer Ideen auch in der Linken gab. So wurde Ernst Haeckel beispielsweise verehrt und die Begründer der Rassenhygiene Alfred Ploetz und Wilhelm Schallmayer standen sozialistischen und kapitalismuskritischen Gedanken nahe. Der Anknüpfungspunkt zwischen Eugenik und Sozialismus war das Konzept der Degeneration, also die Auffassung, die Gesellschaft werde durch den modernen Kapitalismus verdorben. Interessanter als die Gemeinsamkeiten sind im Hinblick auf *Fatzer* aber die Unterschiede: Denn auch wenn die politische Linke biologistischen Deutungen nicht immer widersprach, im Zentrum ihres Interesses standen gleichwohl immer die gesellschaftlichen Ursachen der gegenwärtigen Probleme. So haben auch Karl Kautsky und andere, die sich zunächst positiv auf die Rassenhygiene bezogen, deren Tendenz zur Entpolitisierung der sozialen Frage kritisiert und letztlich immer betont. Die gegenwärtigen Probleme, die Degeneration, waren für sie die Folge eines Klassen-, nicht eines Rassenwiderspruchs.

Diese Entpolitisierung, die mit Biologismus einhergeht, die rassentheoretische Eindeutung der sozialen Frage, markiert die Scheidelinie zwischen völkischem und sozialistischem Gemeinschaftsdenken. Und auch Brecht zieht hier eine Grenze und unterscheidet an ihr seine beiden prominenten gemeinschaftspolitischen Modelle. Fatzer verlässt die gemäß biologistisch-rassistischer Kriterien definierte Kriegsgemeinschaft, nachdem er erkannt hat, dass nicht die nationale, sondern die soziale Frage für ihn entscheidend ist. Er erkennt, dass der Gegensatz nicht zwischen Völkern oder Nationen, sondern zwischen Arbeit und Kapital besteht.

> Jetzt aber kannst du
> Erkennen, was zu tun ist für euch und alle Soldaten
> Welche Gehorchende sind auch
> Gegen euch. Wendet euch um und
> Verwandelt den Krieg der Völker
> Den Krieg der Klassen und
> Den Weltkrieg in den
> Bürgerkrieg, also bleibet beisammen und tragt
> Den Krieg in euer eigenes Land, denn vor
> Ihr euer Bürgertum nicht vertilgt habt, werden
> Kriege nicht aufhören[15]

An diesem Punkt, der Fatzers Bewusstsein verändert und der das sozialistische vom völkischen Gemeinschaftsmodell trennt, manifestiert sich zugleich die Differenz zwischen der Denkfigur des *Einst* und der des *Doppelten Einst*: Sozialistische und emanzipatorische Gemeinschaftskonzepte, wie sie in *Fatzer* andiskutiert werden, verweisen auf einen utopischen Horizont, auf eine neue Zeit, aber das von ihnen präsentierte *Einst* wird konsequent als etwas Neues, Kommendes, Noch-nicht-Dagewesenes verstanden. Unabhängig davon, dass Brecht trotzdem wenig Hoffnung auf die kommende Gemeinschaft setzt und Befreiungsideologien misstraut – keines der emanzipatorischen Modelle zielt auf die Wiederherstellung einer erbaulichen Vergangenheit oder gar einer biologischen Ordnung. Das Ziel ist immer, „daß / Eine neue Zeit anfängt und / Mit dem Volk / Etwas und was noch nie war"[16], das am Horizont des Möglichen auftaucht. Das Ziel einer linken Variante der gemeinschaftlichen Befreiung ist die Gleichheit, niemals aber geht es darum, das Wesen der Gemeinschaft durch einen Eingriff in die Natur zu korrigieren und die Menschen wieder in einen originären Zustand zurückzuversetzen. Der Bezugspunkt ist nicht die Grenze einer biologisch-evidenten Gemeinschaft, sondern die fundamentale Gleichheit der Menschen als Menschen durch das von allen geteilte Mensch-Sein.

15 Brecht, Fatzer, S. 478.
16 Ebd., S. 409.

Fatzer und seine Kameraden scheitern. Es gelingt ihnen nicht, eine neue Form der Solidarität zu praktizieren, sie schaffen es nicht, den Virus des Krieges hinter sich zu lassen. Und dennoch kann das Scheitern in *Fatzer* als ein erster Schritt der Befreiung gewürdigt werden. Fatzer kündigt die Zugehörigkeit zur national-völkischen Gemeinschaft und er insistiert auf der Möglichkeit einer anderen Welt. Sein praktischer Griff nach der eigenen Geschichte bezeugt die Möglichkeit des Handelns. Er demonstriert: Geschichte wird von handelnden Menschen gemacht und ist nicht durch eine biologische oder historische Notwendigkeit bestimmt. Gemeinschaft ist nicht gegeben, sie wird im Kontext politischen Handelns von Menschen gemeinsam hervor – und zur Wirkung gebracht.

Damit stößt *Fatzer* uns auf eine marxistische Erkenntnis, die im Kontext der globalisierungskritischen Bewegung des letzten Jahrzehnts neue Bedeutung erlangt hat: Geschichte ist das Ergebnis von Kämpfen. Im Kontext der impliziten Aufforderung, gemeinsam zu handeln und die Geschichte zu verändern, bleibt als Fazit für die Gegenwart: Es gibt kein Ende der Geschichte, das Neue, *eine andere Welt ist möglich.*

Schuld und Notwendigkeit

‚Gemeinschaft' in Bertolt Brechts *Fatzer*-Fragment

Claas Morgenroth

I Positionen der Gemeinschaft

In einem Beitrag für die *New Left Review* aus dem Jahre 1996 hat sich Eric Hobsbawm die Frage gestellt, aus welchem Grund Wortverbindungen wie ‚kollektive Identität' oder ‚Identitätspolitik' heute eine so bedeutende Rolle spielen. Unbestritten, so könnte man sagen, erzählt die Geschichte der Menschheit eine Geschichte von Zugehörigkeiten. Der Terminus ‚Identität' aber stamme, so Hobsbawm, aus jüngerer Zeit. Er verdanke sich der Bürgerrechtsbewegung der 1960er und 1970er Jahre, der er als Anker der politischen Selbstverständigung gedient habe. Die gesellschaftlichen Zulassungsbedingungen bestimmten sich seither nicht vorrangig an Zuweisungsbegriffen wie ‚Religion' oder ‚Klasse', sondern an den Zurechnungsmodalitäten einer nach Herkunft und kulturellem Selbstverständnis definierten *Community*. Demnach konstituieren sich Identitäten primär gegen andere, indem die Identitätsmerkmale des einzelnen auf die homogenisierenden Merkmale einer Gruppe oder Gemeinschaft übertragen werden und umgekehrt. Dieser strategisch-emanzipatorische Begriff der Gemeinschaft habe nun nicht mehr viel mit dem klassischen Gemeinschaftsbegriff der Ethnologie oder Soziologie zu tun, weil ihm die empirische Gewissheit einer korrespondierenden gesellschaftlichen Realität fehle. „Never was the word ‚community' used more indiscriminately and emptily than in the decades when communities in the sociological sense became hard to find in real life."[1] Aus dieser womöglich treffenden, aber doch allgemeinen Beschreibung leitet Hobsbawm noch einen Ratschlag ab, den er an die politische Linke adressiert. Sie müsse sich trotz aller Erfolge vom emanzipativen Identitäts- und Gemeinschaftsdiskurs lösen, um der Vielfalt der sozialen Bewegungen eine neue universale Kategorie zu geben. Einen solchen gemeinsamen Nenner liefere aber nur ein Gesellschaftsbegriff, der sowohl die

1 Eric Hobsbawm: Identity Politics and the Left. In: *New Left Review* 217 (1996), S. 38–47, hier S. 40.

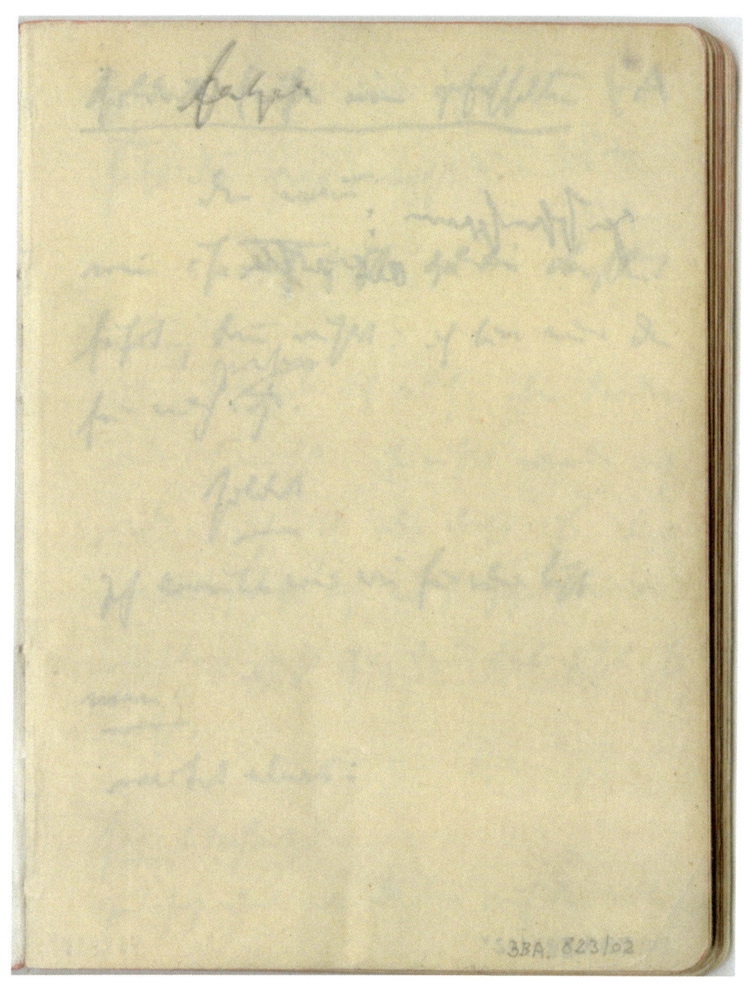

Abb. 1: Aus Bertolt Brecht: Notizbuch 24, 2r, 1927.

ideologischen Umstände des Gemeinschaftsbegriffs als auch die damit einhergehenden gesellschaftlichen Prozesse sichtbar mache. Hobsbawm unterstreicht damit, dass die für den Gemeinschaftsbegriff konstitutive Unterscheidung von Gemeinschaft und Gesellschaft noch immer eine politisch-strategische Dimension besitzt. Wer daraufhin die politische Philosophie und die kulturpolitischen Debatten der letzten Jahre durchsieht, wird auf eine erstaunlich breite und heterogene Auseinandersetzung stoßen, die mal mehr, mal weniger prominent das Ende oder den Neubeginn der Gemeinschaft diskutiert. Sie versucht sich daran, dem doppelt gebrochenen politischen Gefüge der Postmoderne einen zupackenden Ausdruck zu verleihen, der sowohl der Sehnsucht nach Identität als auch der Einsicht in die Kontingenz der heutigen Weltordnung Bedeutung verleiht. Zygmunt Bauman etwa liest die auf Gemeinschaft gemünzte Differenzierung gesellschaftlicher Gruppen seit den 1960er Jahren bzw. nach 1989 als Effekt einer „flüchtigen Moderne", die sich mit Hilfe des kommunitaristischen Diskurses darüber hinwegtäuscht, dass es starke Bindungen nur als Surrogat zu erstehen gibt.[2] Hartmut Rosa spricht von der „beschleunigten Gesellschaft", in der die Politik nicht mehr als „Schrittmacher der sozialen Entwicklung" oder „Gestalter der Geschichte" vorangehe, sondern schnelleren Gestaltungsorganen wie der Ökonomie nachlaufe – ein Verlust, der die Selbstverständigungsweisen der Spätmoderne erst begründe.[3] Man muss kein Freund der *grands récits* sein, um das aufflackernde Interesse an der Gemeinschaft als Symptom einer nur noch im Weltmaßstab denkenden Staatengemeinschaft zu lesen. Entsprechend leer, sinn- oder narrenfrei sieht der Gemeinschaftsdiskurs aus, wenn er aus Daffke zum Titel kultureller Debatten wird.[4]

Etwas anders steht es um die dekonstruktive Reanimation der ‚Gemeinschaft'. Maurice Blanchot, Jean Luc Nancy oder Giorgio Agamben haben auf je unterschiedliche Weise die Gemeinschaft zu einem anderen, kommenden oder darstellbar-undarstellbaren Begriff geformt, der aus den Sackgassen einer auf ‚Gesellschaft' gepolten Soziologie und Politikwissenschaft führen soll.[5] Das ist nicht nur ein philosophisches Wagnis, sondern auch ein politisches, weil der Begriff der Gemeinschaft stets gegen seine

2 Zygmunt Bauman: *Flüchtige Moderne* [2000]. Frankfurt am Main: Suhrkamp 2003, S. 199: „Die heldenhafte Verteidigung der Idee der Gemeinschaft und die Versuche, sie um der von Liberalen geleugneten Segnungen willen wiederzubeleben, würde nicht stattfinden, wäre das Geschirr von Sprache, Sitte und Erziehung, das Kollektive zusammenbindet, nicht von Jahr zu Jahr stärker im Schwinden. […] Alle diese Gemeinschaften sind weniger reale als postulierte Gemeinschaften, weniger Realität als Projekt."

3 Hartmut Rosa: *Beschleunigung. Die Veränderung der Zeitstrukturen in der Moderne.* Frankfurt am Main: Suhrkamp 2005, S. 420.

4 Vgl. dafür die Herbstausgabe des *Merkur. Deutsche Zeitschrift für europäisches Denken* 67,10–11 (2013), mit dem Titel: „Wir? Formen der Gemeinschaft in der liberalen Gesellschaft".

5 Maurice Blanchot: *Die uneingestehbare Gemeinschaft* [1983]. Berlin: Matthes & Seitz 2007; Jean Luc Nancy: *Die undarstellbare Gemeinschaft* [1986]. Stuttgart: Edition Patricia Schwarz 1988; Giorgio Agamben: *Die kommende Gemeinschaft* [2001]. Berlin: Merve 2003.

nationalsozialistische und völkische Tradition verteidigt werden muss.[6] Nun steht diese neue Philosophie der Gemeinschaft in einem engen Zusammenhang zur „politischen Differenz"[7] das Politische/die Politik, die mal philosophisch, mal strategisch ausformuliert der Entpolitisierungsgeschichte der letzten dreißig Jahre entgegenzuwirken versucht.[8] Dabei wird die ‚bloße' Politik von einer zu bestimmenden oder neu zu entdeckenden ‚wirklichen' Politik (das ist das Politische) unterschieden, womit drei einander durchaus widersprechende Ziele verbunden werden: 1. Die Differenzierungsthese der Moderne zu verabschieden, nach der wir es heute mit einer aus autonomen Systemen oder Feldern zusammengesetzten Gesellschaft zu tun haben, unter denen das politische Feld nur eines unter vielen ist; 2. die Politik aus den disziplinären Vermischungen (Stichwort: Ökonomisierung der Politik) zu befreien, um sie in den Stand eines ersten Selbstverständigungsorgans zu setzen; 3. die Unterscheidung von Politik/Nicht-Politik oder auch das Politische/die Politik als Leitdifferenz zu bestimmen, um die Differenzkultur der bürgerlichen Gesellschaft (öffentlich/privat, Politik/Kultur, System/Umwelt, Gemeinschaft/Gesellschaft) wieder zu repolitisieren.[9] So gesehen ist ‚Gemeinschaft' ein Krisenbegriff mit historischem Fundament, der je nach Einsatzort und -ziel eine strategische, emanzipatorische, diagnostische, symptomale oder allgemein politische Aufgabe übernimmt. Entweder, um vermeintlich überkommene Gesellschaftsentwürfe zu ersetzen oder um der leeren Hülle ‚Gegenwart' ein Wort zu schenken, das alltagssemantisch (über die Stationen Liebesgemeinschaft – Wohngemeinschaft – Europäische Gemeinschaft) kommensurabel und

6 Vgl. Manfred Riedel: Gesellschaft, Gemeinschaft. In: Otto Brunner / Werner Conze / Reinhart Koselleck (Hrsg.): *Geschichtliche Grundbegriffe. Historisches Lexikon zur politisch-sozialen Sprache in Deutschland.* Stuttgart: Klett-Cotta 1975, Bd. 2, S. 801–862.

7 Oliver Marchart: *Die politische Differenz. Zum Denken des Politischen bei Nancy, Lefort, Badiou, Laclau und Agamben.* Berlin: Suhrkamp 2010.

8 Einführend Claas Morgenroth: Einleitung. Zur Politik der Gemeinschaft. In: Janine Böckelmann / ders. (Hrsg.): *Politik der Gemeinschaft. Zur Konstitution des Politischen in der Gegenwart.* Bielefeld: Transcript 2008, S. 9–27; Joseph Vogl: *Positionen zu einer Philosophie der Gemeinschaft.* Frankfurt am Main: Suhrkamp 1994; sowie zuletzt Leander Scholz: *Der Tod der Gemeinschaft. Ein Topos der politischen Philosophie.* Berlin: Akademie 2012.

9 Weiterführend Thomas Bedorf: Das Politische und die Politik – Konturen einer Differenz. In: Ders. / Kurt Röttgers (Hrsg.): *Das Politische und die Politik.* Berlin: Suhrkamp 2010, S. 13–37.

theoretisch avanciert ist. Ein attraktives Angebot, zumal niemand so recht zu wissen scheint, was ‚Gemeinschaft' eigentlich ist.

II ‚Gemeinschaft' in Bertolt Brechts *Fatzer*-Fragment

Bertolt Brechts *Fatzer*-Fragment steht im Zeichen der Krise: Vier Männer desertieren am Ende des 1. Weltkriegs und verstecken sich in Mülheim an der Ruhr. Ihr Anführer, der Egoist Johann Fatzer, erweist sich dabei als schlechter Stratege. Er braucht die Kräfte der Gemeinschaft so lange auf, bis er von seinen Kameraden umgebracht wird. Aber auch deren Schicksal ist besiegelt. Die Überlebenden werden entdeckt und die Desertion scheitert. Grund dafür, so lautet eine von Brechts Schlussfolgerungen, ist der Mangel an politischer Einsicht.

> *Die Tragik des Schlußteils ist eine dialektische!* insofern als Fatzers Schädlichkeit (als Typ) dadurch sichtbar wird, als er alle andern drei in Privates verwickelt – indem er sie verlockt, ihn zu vernichten, vernichtet er sie – […] richtig wäre es für sie, abzuhauen und dem Typ Fatzer die Beachtung zu versagen. Sie gehen daran zugrund, daß sie Solidarität anwenden auf einen, der sie nicht hat. (A 31, S. 468–469)[10]

Wie die Eckdaten der politischen Ereignisgeschichte zeigen, steht neben der Dramenhandlung auch die Entstehungszeit des *Fatzer* (1926–1930) unter dem Eindruck der Krise. Als in den *Versuchen 1–3* der „3. Abschnitt des Stückes *Untergang des Egoisten Johann Fatzer*" erscheint, feiern Nationalsozialisten und Kommunisten bei den Reichtagswahlen einen großen Erfolg.[11] Die Politisierung und Fraktionierung der Intelligenz bringt Brecht dazu, die Schriften von Karl Marx und Friedrich Engels zu studieren, in der Erwartung, der eigenen Arbeit eine neue, theoretisch fundierte Richtung zu geben. So versucht er mit der Erfindung des epischen Theaters, dem rapiden Wandel der gesellschaftlichen Ordnung ein ästhetisches Double entgegenzustellen, das dem selbst auferlegten erzieherischen Programm und dem Aktivierungsgrad des eigenen Erfolgs – Brecht wird in der Entstehungszeit des *Fatzer* mit der

10 Bertolt Brecht: Fatzer. In: Ders.: *Werke. Große kommentierte Berliner und Frankfurter Ausgabe* (*GBA*), Bd. 10.1: Stücke, Stückfragmente und Stückprojekte. Teil 1. Berlin / Frankfurt am Main: Aufbau / Suhrkamp 1997, S. 387–529. Im Folgenden sind alle Zitate aus *Fatzer* mit Fragment-Sigle und Seitenangabe nach dieser Ausgabe zitiert.

11 Bertolt Brecht: *Fatzer, 3*. In: Ders.: *Versuche 1–12*, Bd. 1: Heft 1–4 (1930–1931). Neudruck und textgetreue Wiedergabe der Erstausgaben. Frankfurt am Main: Suhrkamp 1977, S. 29–41; Jan Knopf (Hrsg.): *Brecht-Handbuch in fünf Bänden*, Bd. 5: Register, Chronik, Materialien. Stuttgart / Weimar: Metzler 2005.

Dreigroschenoper zum Theaterstar – gerecht wird. Die zeitgeschichtlichen und persönlichen Entwicklungslinien verdichten sich in der Freundschaft zu Walter Benjamin. Das von beiden mitinitiierte Zeitschriftenprojekt *Krise und Kritik* sollte ein Begriffspaar etablieren, das nicht nur die gesellschaftliche Radikalisierung erfasst, sondern auch eine revolutionäre Perspektive eröffnet. Mit Krise und Kritik,[12] hier waren sich Benjamin und Brecht einig, könne man dem anlaufenden Ende der Weimarer Republik einen neuen Anfang geben. Dafür müsse die Kritik nur die intellektuelle Durchdringung der Krise und – bestenfalls – ihre Herbeiführung theoretisch *wie* praktisch bewerkstelligen.[13] Aus der Zeitschrift wurde nichts, aber die Redaktionssitzungen ermöglichten Brecht, dem eigenen Denken und Handeln eine durchdachte operative Gestalt zu geben. Wesentliche Einsichten des *Fatzerkommentars* (zur Funktion des Zitats und der Geste etwa) gehen auf den Austausch mit Benjamin zurück.

Im *Fatzer*-Fragment untersteht die Krise einer zweiwertigen Logik, zusammengesetzt aus den Paaren Kontingenz/Offenheit und Notwendigkeit/Geschlossenheit. Brecht findet dafür gleich in den ersten Aufzeichnungen ein treffendes Bild:

> Neulich wie wir
> Über die Eisenbrücke gingen
> Abends sieben Uhr und
> Weil wir nicht wußten
> Was anfangen, stehen blieben
> Das Wasser anschauend
> Blickten wir, Schmitt und der
> Mellermann
> Nach der hellen Seite hinüber
> Während er
> Blickte nach der dunklen. (B 5, S. 390)

Die Situation des Anfangens steht in direkter Verbindung zu einer ersten Variante der Gemeinschafstheorie, nach der ‚Gemeinschaft' als Platzhalter oder Versprechen eines Proto- oder Metaraums des Politischen fungiert.[14] Brecht hat sein *Fatzer*-Fragment mit

12 Das dazugehörige Verb κρίνω bedeutet ‚scheiden' und ‚unterscheiden', ‚entscheiden' und ‚richten' bzw. (für sich) ‚auslegen' und ‚deuten'. Es gehört daher sowohl zur ‚Kritik' als auch zur ‚Krisis' (im Sinne von ‚Scheidung' und ‚Zwiespalt', ‚Entscheidung' und ‚Recht'). *Gemoll. Griechisch-Deutsches Schul- und Handwörterbuch.* Nachdruck der 9. Aufl. München: Oldenbourg 1997, S. 453.

13 Dazu einführend Erdmut Wizisla: *Benjamin und Brecht. Die Geschichte einer Freundschaft.* Mit einer Chronik und den Gesprächsprotokollen des Zeitschriftenprojekts ‚Krise und Kritik'. Frankfurt am Main: Suhrkamp 2004.

14 Dazu Morgenroth: Einleitung. Zur Politik der Gemeinschaft.

zahlreichen Szenen versehen, in denen dieser Umstand zum Ausdruck kommt. Zunächst mit der Desertion selbst, durch die die Soldaten ins gesellschaftliche Aus geraten. Die Deserteure befinden sich in der „Stille", auf dem „Mond" (B 1, S. 388), nach der „Sintflut", in einer „falschen Gegend" (B 9, S. 392–393). Die Semantik der Kontingenz prägt die Ausgangssituation des Stückes bis hin zum Hamlet-Zitat der „Welt aus den Fugen" (B 15.8, S. 422). Fatzers erster Auftritt deutet die situative Öffnung des gesellschaftlichen Regelkreises gleich als Umkehrung der Natur- und Sprachordnung:

> Denn mir ist übel [...]: daß der Regen
> Von oben nach unten fällt
> Das ist mir
> Ganz unerträglich. Daß im
> Alphabet
> Nach A B kommt und nichts
> Sonst (B 3, S. 389–390)

Dem schließen sich verwandte Motivketten an, darunter der Panzer bzw. Tank, der von den Figuren als Mutter und Geburtsort bezeichnet wird (B 15, S. 405; B 30, S. 453). Als Brüder des Krieges bilden die Deserteure eine natürliche Gemeinschaft, deren erster Raum die Hütte ist (B 67, S. 487), ein durch die Literaturgeschichte kodifiziertes Bild für die Heimstatt, die Utopie, die innere Sammlung, kurz: für das Refugium der menschlichen Existenz.

Das Paar Kontingenz und Offenheit trifft auf eine zweite Variante des Gemeinschaftsdiskurses, die bis zu Thomas Hobbes' politischer Philosophie zurückreicht.[15] Im *Fatzer*-Stück wird sie so zitiert:

> Und der Mensch zerfleischt den Menschen
> Wie der Fisch den Fisch frißt
> So ist es und also
> Ist es gut so (B 82, S. 498)[16]

Worauf können sich die Deserteure besinnen? Zunächst nur auf die Tat als solche, denn einen anderen Halt, eine andere Ordnung lässt sich am zitierten Nichtort nicht finden. Da, wo nichts ist, bleiben die Grundbedürfnisse der Selbsterhaltung. In Brechts Stück sind das Fleisch und Sex. So bewegt sich der Hauptmechanismus der assoziativen Gründung auf der nativen, triebdominierten Ebene. In Hobbes' politischer Philosophie führt dieser Umstand zur modernen Gesellschaft, in der der Mensch seine Souveränität zugunsten

15 Dazu Scholz: *Der Tod der Gemeinschaft*, S. 30–66.
16 Vgl. auch B 30, S. 452: „Der Mensch ist der Feind und muß aufhörn."

der geregelten Selbsterhaltung aufgibt. Die vernünftige Einsicht in die Feindschaft der Menschen untereinander (‚Der Mensch ist des Menschen Wolf') zwingt dazu, die als natürlich markierte Gemeinschaft zu beenden. Damit wird aus dem Tod der Gemeinschaft der Beginn der Gesellschaft. Nun stehen Brechts Figuren nur vermeintlich vor dem Neuanfang. Tatsächlich sind sie Träger sozialer Rollen, bestimmt durch Wissen und Bedürfnisse, dominiert von den historischen Umständen, unter denen das Ereignis der Desertion nur eines ist. Sie sind ‚Typen', wie Brecht mehrfach anmerkt, also durchgehend determinierte Schausteller überindividueller Eigenschaften. Folgerichtig wird die Kontingenz des Anfangs, die Natürlichkeit einer ersten und vorpolitischen Gemeinschaft aufgekündigt und zur Notwendigkeit des Untergangs. In den Worten Büschings: „Unvermeidlich. Und unvermeidlich / Ist, was jetzt kommt" (B 27, S. 446), oder des „vierten Mannes": „Eins ist eins / Schwarz schwarz und laut nicht leis." (B 28, S. 450)

Die Zweiwertigkeit des Krisenbegriffs setzt sich auch auf der dramaturgischen und argumentativen Ebene durch. Brecht experimentiert mit der Spaltung des Chores in „Chor" und „Gegenchor". Die alte Vorstellung, der Chor fungiere wahlweise als Vertreter des Volkes, des Publikums oder der Ratio eines extradiegetischen Erzählers, macht der Gegenüberstellung widersprechender Stimmen Platz. Erst „RÄT" der Chor „DIE FERNEREN GESCHICKE DER VIER NICHT MEHR ZU BEACHTEN", dann „VERWEIST" der Gegenchor „AUF DAS VORHANDENSEIN VIELER INTERESSEN AN DEM GESCHICK DER VIER". (B 59, S. 479; siehe auch B 66, S. 483–484) Erst die politisch motivierte Synthese der beiden Stimmen macht aus der Polarität des Chores eine dialektische Anordnung: „Zwei Chöre" beenden den politischen Widerspruch mit einem Lenin-Zitat.

> Wendet euch um und
> Verwandelt den Krieg der Völker
> Den Krieg der Klassen und
> Den Weltkrieg in den
> Bürgerkrieg, also bleibet beisammen und tragt
> Den Krieg in euer eigenes Land, denn vor
> Ihr euer Bürgertum nicht vertilgt habt, werden
> Kriege nicht aufhören (B 59, S. 478)

An die Stelle der zwei klassischen Varianten des Gemeinschaftsbegriffs – dem natürlichen Miteinander der Bruderschaft als Protoraum des Politischen bzw. dem natürlichen Gegeneinander des

Menschen als des Menschen Wolf – tritt die revolutionäre Vernunftlogik des Marxismus-Leninismus. Was bis dato „Schwach sein" durfte, „ist menschlich und drum muß es aufhören". (B 39, S. 459) In vergleichbarer Weise tritt der „Fatzerkommentar" gegen den dramatischen Text an, von Brecht auch „Fatzerdokument" genannt (C 1, C 2, S. 513–514), indem er Lektürehinweise, Spielanweisungen und Übungsvorschläge abgibt, die die heterogene und unabgeschlossene Gestalt des Dokuments regeln sollen.
Über dieser Motivreihe thront der exemplarische Teil/Ganzes-Konflikt zwischen dem Einzelnen/Egoisten (Fatzer) und dem Kollektiv/der Gesellschaft (die anderen). Dabei handelt es sich um einen alten Topos der Gesellschafts- und Gemeinschaftstheorie, dessen Umrisse Ferdinand Tönnies in seiner einflussreichen Untersuchung *Gemeinschaft und Gesellschaft. Grundbegriffe der reinen Soziologie* so beschrieben hat: „Gemeinschaft ist das dauernde und echte Zusammenleben, Gesellschaft nur ein vorübergehendes und scheinbares. Und dem ist es gemäß, daß Gemeinschaft selber als ein lebendiger Organismus, Gesellschaft als ein mechanisches Aggregat und Artefakt verstanden werden soll."[17] Hält man Tönnies' definitorische Elemente – Gemeinschaft = dauernd, echt, lebendig, organisch *vs.* Gesellschaft = vorübergehend, scheinbar, mechanisch, artifiziell – ins Licht des *Fatzer*-Fragments, dann wird erkennbar, dass Brecht die antimodernistische Richtung der Gemeinschaftsapologie hier und in den Lehrstücken auf den Kopf stellt. Nicht der organische, sondern der mechanische Charakter der Gesellschaft wird zum Modus der politischen Utopie.[18] Auch deshalb steht die Gemeinschaft der Vier im Zeichen des Transitorischen, des Todes; und die ausdauernd geschilderten Rituale der Reproduktion (Nahrungssuche, sexuelles Begehren) führen zuvorderst die zerstörerischen Konsequenzen der nur vermeintlich vorpolitischen Praktiken des menschlichen Miteinanders vor. Der Raum der Gemeinschaft wird durch gesellschaftliche Fragen aufgebrochen und besetzt und zwar so, dass die Utopie des voraussetzungslosen Anfangens auf die Notwendigkeit des Endes zurückfällt.

17 Ferdinand Tönnies: *Gemeinschaft und Gesellschaft. Grundbegriffe der reinen Soziologie* [1887]. Neudruck der 8. Auflage von 1935. Darmstadt: WBG 1979, S. 4.

18 „So ist es auch mit dem Mechanischen und der kollektiven Moral. Die Führenden erklären den Sinn des Mechanischen und den Nutzen der kollektiven Moral." (C 29, S. 528)

III Schuld: Der Untergang des Egoisten Johann Fatzer

In *Communitas. Ursprung und Wege der Gemeinschaft* knüpft Roberto Esposito unter ganz anderen Vorzeichen an Eric Hobsbawms Diagnose an. Esposito zufolge steht die diskursive Rückkehr der Gemeinschaft unter dem Vorzeichen des *proprium*, der ‚Eigenschaft', die eine Gemeinschaft qua Ursprung, Wertvorstellung oder Ziel haben soll. Damit rückt Esposito das Problem des identitätslogischen Kollektivs in den Mittelpunkt eines Gemeinschaftsbegriffs, der die Vorstellung des mit sich identischen Subjekts auf die Versammlung vieler oder aller überträgt.

> Von diesem Standpunkt aus gesehen befinden sich – trotz der selbstverständlichen historischen, begrifflichen, lexikalischen Abweichungen – die organizistische Soziologie der Gemeinschaft, der amerikanische Neo-Kommunitarismus und die verschiedenen Diskursethiken ([…] sogar die kommunistische Tradition) diesseits einer Linie, die sie im Ungedachten der Gemeinschaft zurückhält.[19]

Sein Argument gewinnt Esposito aus der Wortgeschichte, nach der ‚Gemeinschaft' auf das altgriechische κοινός zurückgeht, das sowohl ‚Gemeinschaft' als auch ‚Staat' bedeuten kann. Espositos Herleitung ist nicht nur deshalb interessant, weil sie Brechts begriffliche Polarisierung weiter aufhellt und historisch vertieft. Sie sekundiert auch der Beobachtung Walter Benjamins, dass Brecht die aus der Antike gewonnene Ambivalenz des Gemeinschaftsbegriffs in seiner Keuner-Figur verarbeitet hat. „Nehmen wir einmal mit Lion Feuchtwanger, einem ehemaligen Mitarbeiter von Brecht, an, es stecke darin die griechische Wurzel κοινός – das Allgemeine, alle Betreffende, allen Gehörende." Dann, so Benjamin, werde verständlich, warum Brecht Keuner als „Denkenden" und „Führer" eines „neue[n] Staat[es]" konzipiert habe.[20] Und so könnte man sagen, dass die Linie Fatzer – Keuner den unumgänglichen Übergang der Gemeinschaft zum neuen Staat darstellt, ein Staat allerdings, der in seinen Umrissen noch beschrieben werden muss.

Im Übergang zum lateinischen ‚Communitas', so Esposito weiter, entwickle sich die Bedeutung des *munus* über ‚Pflicht' und ‚Gabe' zu ‚Schuldigkeit' und ‚Schuld' (die Pflicht zu geben) und gerate so in einen produktiven Gegensatz zum *proprium*. Mit der Verpflichtung zur Gabe, die durch das *munus* aufgerufen werde, ende die

19 Roberto Esposito: *Communitas. Ursprung und Wege der Gemeinschaft* [1998], aus d. Ital. v. Sabine Schulz / Francesca Raimondi. Berlin: Diaphanes 2004, S. 9.

20 Walter Benjamin: Bert Brecht. In: Ders.: *Gesammelte Schriften*, Bd. II.2: Aufsätze, Essays, Vorträge, hrsg. v. Rolf Tiedemann / Hermann Schweppenhäuser. Frankfurt am Main: Suhrkamp 1977, S. 660–667, hier S. 662–663.

Vorstellung, die *Communitas* basiere auf dem Eigentum. So gedacht gehöre eine jede Gemeinschaft nie sich selbst, sondern immer schon dem anderen. Die Etymologie führt Esposito überdies zum Opfer und zum Gründungsverbrechen, das am Beginn der naturrechtlichen Konzeption der modernen Gesellschaft stehe – bei Thomas Hobbes etwa. Demnach sei „die öffentliche Sache [...] untrennbar vom Nichts. Und gerade das Nichts der Sache ist unser gemeinsamer Grund. All die Erzählungen über das Gründungsverbrechen [...] tun nichts anderes“, als an diese Schuld zu erinnern, davon zu erzählen.[21] Auf diese Weise enthalte der Ursprung bereits den Tod, wie er in der antiken Mythologie durch Prometheus, im Alten Testament durch Kain und Abel, im Neuen Testament durch den von den Jüngern verratenen Jesus berichtet wird. Im *Fatzer* kehren alle drei Narrationstypen wieder, um durch das Prinzip der Masse abgelöst zu werden: (I) „Fatzer bleibt liegen, als sei er gefesselt [...]. Während sie Kaumann bändigen, liegt er wie Prometheus ‚gefesselt‘“ (A 16, S. 432); (II) der Brudermord an Fatzer als Bild der Entzweiung: „Nachdem er erschlagen wurde, kommt Fanny ins leere Zimmer. [...] Die zwei Frauen raufen sich um den toten Mann.“ (A 17, S. 433); (III) „Als ihr zweifeltet an mir / War ich verloren“ (A 9, S. 427); „KEUNER *zu Büsching und Leeb*: / Bleibt stehen! Laßt euch / Nichts anmerken, tut, als ob / Wir ihn nicht kennen“ (B 85, S. 510).

> [Fatzer:] Weil alles, was unten ist
> Heraufkommt
> Wo früher
> Ein Mensch war und ein anderer
> Da ist jetzt die Masse, ein
> Massemensch und es bleibt alles
> Zusammen [...].
> Und das ist nicht
> Weil es einen Gott gibt, den gibt
> Es nicht, sondern
> Weil der Mensch vordringt zu
> Der Kenntnis
> Daß zuerst das Essen kommt. (B 15, S. 410)

Ob Brecht seine Leitmotive, poetisierten Argumente und dramaturgischen Innovationen als Problem des Gemeinschaftsdiskurses konzipiert hat, kann man den *Fatzer*-Materialien nicht entnehmen. Aber es bedarf keiner Einflussgeschichte, um auf deutliche Parallelen und Berührungspunkte zu stoßen. Denn die ausgesuchten

21 Esposito: *Communitas*, S. 19.

Bilder, Figuren und literarischen Anspielungen stehen in einer so assoziationsreichen Verbindung zu den Gründungsverbrechen und -argumenten der menschlichen Souveränitätsgeschichte, dass neben dem Gesellschafts- auch der Gemeinschaftsbegriff eine Interpretationslinie ermöglicht – wie man an der strategiefernen Ausführung der Desertion, an Fatzers Verrat, den ungeordneten Konflikten unter den Desertierten, den Triebkonflikten, schließlich am notwendigen Ende der Gemeinschaft sehen kann. Einen letzten Hinweis liefert Espositos vitalistische Position. Während es zu „Keuners Lastern" gehört, „kalt und unbestechlich zu denken", gehört Fatzer zur „Horde von Hooligans und Verbrechern, die Brechts Stücke bevölkern".[22] Fatzer tritt auf wie ein vorweggenommenes Echo jener existentiellen Lebensregung, die Esposito zustimmend der Gemeinschaftsphilosophie Georges Batailles entnimmt:

> Was Bataille […] entgegensetzt […], ist eine Konzeption der energetischen Überschreitung, die das Individuum dazu drängt, auf eigene Lebensgefahr über seine Grenzen hinaus zu schauen. Blitzartig zeigt sich hier jene Beziehung zwischen Gemeinschaft und Tod, die das *munus* von Anfang an als seinen rotglühenden und unnahbaren Kern in sich trug.[23]

Johann Fatzers energetische Überschreitung macht ihn zum Anführer der Desertion, zum Hooligan der planlosen Überschreitung, zum Kraftmeier der poetischen Inspiration. Fatzers Schuld erweist sich fortan am Nihilismus mangelnder Einsicht[24]; zumal ihn der ungezügelte Egoismus erblinden lässt für jene strategische Klugheit, die Brecht dem Revolutionär abverlangt.[25] Das Versagen der anderen besteht wiederum darin, dass sie Fatzer dazu verpflichten, die Schuld des Anführers an den Verführten anzuerkennen. Abhängig und uneinig geraten sie ins Verderben. Die individuelle Schuld am jeweils anderen ist für Brecht aber nur ein Aspekt des Stückes. Auf der Ebene des *Fatzerkommentars* setzt sich eine Sichtweise durch, die zum Ziel des epischen Theaters wird: „dem Zuschauer eine fruchtbare Kritik vom gesellschaftlichen Standpunkt zu ermöglichen".[26] Anders gesagt: Die vier Deserteure werden zum

22 Benjamin: Bert Brecht, S. 663–665.

23 Esposito: *Communitas*, S. 34.

24 „Ich mache / Keinen Krieg mehr, sondern ich gehe / Jetzt heim geradewegs, ich scheiße / Auf die Ordnung der Welt. Ich bin / Verloren" (B 9, S. 394).

25 „Lange erwog der Denkende Für und Wider / Des Dabeiseins Fremder / Beim Tode / Denn er bedachte, daß / Eines Menschen Schuld an den Staat / Gezahlt sein müsse vor / Seinem Tode" (C 26, S. 526).

26 Bertolt Brecht: Die Straßenszene. Grundmodell einer Szene des epischen Theaters [1940]. In: *GBA*, Bd. 22.1: Schriften 2. Schriften 1933–1942. Teil 1.

notwendigen Opfer der Geschichte, nach der die Gemeinschaft das Durchgangsstadium zur Gesellschaft und zum neuen Staat darstellt. In dieser Hinsicht, um Esposito zu paraphrasieren, gehört die Gemeinschaft schon immer dem anderen der kommenden Gesellschaft an, aber damit beginnt auch die Schuld der Gesellschaft an der Gemeinschaft. Fatzers *munus* wird zum Alpdruck des sozialen *proprium*. Denn die Einrichtung der Gesellschaft und die Schaffung des neuen Menschen trägt eine unwiederbringliche Schuld mit sich, die zur Pflicht an der Gemeinschaft und am Asozialen wird.[27]

IV Notwendigkeit: Eine Übung in Orthodoxie[28]

Der fragmentarische Charakter des Stückes schafft ausreichend Gründe, sich mit Bertolt Brechts *Fatzer* (nicht) zu befassen. Insbesondere die Techniken der Philologie werden durch das schwer beherrschbare Textkorpus auf die Probe gestellt, was zu Scheu und Unkenntnis auf Seiten der Literaturwissenschaft führt. Andererseits erfreut sich Brechts Stück einer szenischen Zuneigung, die aus dem *Fatzer* einen Kramladen macht. Dieser „Jahrhunderttext“ (Heiner Müller) ist offenkundig nicht fertig, dann aber in einigen Passagen so endgültig und überladen, dass er sich ins Wort fallen muss. Zudem stellt die Editionslage den Leser vor das trügerische Bild eines zwar abgebrochenen, aber letztlich doch geschlossenen Textes. So erlaubt die *Große kommentierte Berliner und Frankfurter Ausgabe*, den *Fatzer* von vorne bis hinten durchlesen zu können – als sei er so geschrieben worden. Erst die *Notizbücher* kühlen diesen Eindruck erheblich ab und erinnern daran, dass dieses Fragment aus einer kaum überschaubaren Ansammlung von Bruchstücken, kleineren Szenenfolgen, Versuchen und Notizen besteht.[29] Ein

Berlin / Frankfurt am Main: Aufbau / Suhrkamp 1993, S. 370–381, hier S. 377.

27 „Aber es ist ja Brechts beständiges Streben, diesen Asozialen, den Hooligan, als virtuellen Revolutionär zu zeichnen […]. Wenn Marx sich sozusagen das Problem gestellt hat, die Revolution aus ihrem schlechtweg anderen, dem Kapitalismus, hervorgehen zu lassen, ganz ohne Ethos dafür in Anspruch zu nehmen, so versetzt Brecht dieses Problem in die menschliche Sphäre: er will den Revolutionär aus dem schlechten, selbstischen Typus ganz ohne Ethos von selber hervorgehen lassen.“ (Benjamin: Bert Brecht, S. 665.) Wer möchte, kann dieses Ineinander polarer Kräfte auch als Spiegel der Brechtschen Schreibweise und Poetik deuten, die im vagabundierenden Suchen, Notieren, Drauflosschreiben und Irren stets nach der kühlen Ordnung der revolutionären Vernunft sucht.

28 Die Überschrift verdanke ich Felix Klopotek: Eine Übung in Orthodoxie. Mitteilungen über Leben und Werk Michail Lifschitz'. In: Böckelmann / Morgenroth (Hrsg.): *Politik der Gemeinschaft*, S. 197–216.

29 Bertolt Brecht: *Notizbücher*, hrsg. v. Martin Kölbel / Peter Villwock im Auftrag

eindrückliches Bild der zu Grunde liegenden Schreibsituation findet sich in Kurt Fassmanns Brechtbiographie:

> „Als ich ihn", so erzählt Heinrich Fischer, „einmal in seiner Wohnung besuchte, hing neben der Tür eine surreale Landkarte, die mit Stecknadeln übersät war – es sah aus, als hätte er strategische Operationen markiert. ‚Was ist das?' fragte ich. Mein neues ‚Drama', erwiderte Brecht gelassen, ‚der Untergang des Individualisten Johannes Fatzer. Sie glauben doch nicht im Ernst, daß man ein Stück heute noch am Schreibtisch verfassen kann! Das hier zeigt logisch und eindeutig, wie eine Seele, die sich gegen das Kollektiv wehrt, zugrundegehen muß'".[30]

Man mag den Realitätsgrad der Anekdote anzweifeln oder nicht – Brecht hat die Knechtschaft des Schreibens bis in die Außenstände des *Fatzerkommentars* getragen. Dort heißt es unter anderem: „Ich, der Schreibende, muß nichts fertigmachen. Es genügt, daß ich mich unterrichte. Ich leite lediglich die Untersuchung und meine Methode dabei ist es, die der Zuschauer untersuchen kann." (C 2, S. 514)

Führt man die beiden Schreibszenen zusammen, dann rufen sie wieder jene zweiwertige Logik der Krise in Erinnerung, von der anfangs die Rede war. In diesem Fall trifft der Wunsch nach Eindeutigkeit auf die fragmentarische Gestalt der Selbstsuche. So konnte der *Fatzer* nicht fertig werden. Aber man fragt sich, ob er nicht genau deshalb fertig geworden ist. Gerade das unaufgelöste Misstrauen zwischen Text und Kommentar weist darauf hin, dass der unabgeschlossene und widersprüchliche Charakter des Stückes – gewissermaßen im Rücken des Autors – ein zentrales Anliegen der Brechtschen Theatertheorie realisiert. Eine Überlegung aus den „Katzgraben-Notaten", die zudem auf auffällige Weise die Position des Zeitschriftenprojektes *Krise und Kritik* wiederholt, liefert dafür eher unabsichtlich das entsprechende Stichwort. „Der Dialektiker arbeitet bei allen Erscheinungen und Prozessen das Widerspruchsvolle heraus, er denkt kritisch, d. h. er bringt in seinem Denken die Erscheinungen in ihre Krise, um sie fassen zu können."[31] Sollte man daraufhin das *Fatzer*-Fragment als ein kritisches Drama ansehen, das nicht nur eine historische Krise zum Gegenstand hat, sondern diese Krise auch auf den vielfältigen Ebenen des Schreibprozesses

des Instituts für Textkritik (Heidelberg) u. der Akademie der Künste (Berlin). Bd. 7: Notizbücher 24 und 25 (1927–1930). Berlin: Suhrkamp 2010.

30 Kurt Fassmann: *Brecht. Eine Bildbiographie.* München: Kindler 1958, S. 63.

31 Bertolt Brecht: „Katzgraben"-Notate 1953. In: *GBA*, Bd. 25: Schriften 5. Theatermodelle. „Katzgraben-Notate 1953". Berlin / Frankfurt am Main: Aufbau / Suhrkamp 1994, S. 399–490, hier S. 416.

und der Gegenstandsgewinnung durchlebt und durchführt? Die Textgestalt und die schmalen Zeugnisse zur Entstehungsgeschichte weisen in diese Richtung, zumal sich dafür in Brechts theoretischen Schriften weitere Belege finden lassen. Darunter einer, der die historische, poetische und persönliche Situation des Stückes und der *Versuche* zu einer Erkenntniskritik des Schreibens im Widerspruch zusammenführt: „Die Stückeschreiber, die die Welt als eine veränderliche und veränderbare darstellen wollen, müssen sich an ihre Widersprüche halten, denn diese sind es, die die Welt verändern und veränderbar machen."[32]

Wie aber verhält sich der *Fatzerkommentar* zu einer solchen Deutung? Brechts Anspruch ist, mit Hilfe des Kommentars den dramatischen Text fortzuschreiben und zugleich zweckgerichtet zu erklären.[33] Beide Verfahren dienen der aktualisierenden Praxis der Ideologiekritik. Deren Frage – warum denken und handeln wir so, wie wir denken und handeln; und wem nützt das?[34] – richtet sich gegen „die verdrehte Form, worin die scheinheilige und heuchlerische Ideologie der Bourgeois ihre aparten Interessen als allgemeine Interessen ausspricht"; Ziel ist, die „trügerische Verallgemeinerung partikularer Interessen" nachzuweisen.[35] Um der Verallgemeinerung und der Umkehrung der allgemeinen Interessen in individuelle zu entkommen, arbeitet sich der *Fatzerkommentar* an einer thematischen Reihe ab, die auf die Gespräche zwischen Brecht und Benjamin zurückgeht; das sind zusammengefasst: Die Reproduzierbarkeit oder Kopierbarkeit des Kunstwerks; die Theorie der Geste, des Zitats und der ‚Unterschrift', wie Benjamin das Verhältnis von „Dokument" zu „Kommentar" genannt hätte; die Funktion der Kritik und die Aufgabe der Krise sowie erste Überlegungen zum epischen

32 Bertolt Brecht: Widersprüche, die die Welt verändern. In: *GBA*, Bd. 23: Schriften 3. Schriften 1942–1956. Berlin / Frankfurt am Main: Aufbau / Suhrkamp 1993, S. 381; vgl. dazu C 3, S. 514: „Frage: Warum bedient sich der Studierende der Schreibweise des Kommentars? Antwort: Durch die Schreibweise wird die Auswahl der Gedanken, die Haltung des Schreibenden und der Zweck des Schreibens bestimmt."

33 Zur Funktion des Kommentars vgl. auch Judith Wilke: *Brechts ‚Fatzer'-Fragment. Lektüren zum Verhältnis von Dokument und Kommentar.* Bielefeld: Aisthesis 1998.

34 „Die Wahrheit ist ein Kampfmittel der unterdrückten Klassen. Wahrheit wissen heißt wissen: was? wem? nützt." (C 16, S. 521)

35 Karl Marx / Friedrich Engels: Die deutsche Ideologie [1845–46]. In: *Marx-Engels-Werke*, Bd. 3. Berlin: Dietz 1958, S. 9–530, hier S. 163; Tilman Reitz: Ideologiekritik. In: *Historisch-kritisches Wörterbuch des Marxismus*, hrsg. v. Wolfgang Fritz Haug. Bd. 16.1: Hegemonie bis Imperialismus. Hamburg: Argument 2004, Sp. 690–717, hier Sp. 692.

Theater. So entsteht mit Hilfe einiger Merksätze zur Gesellschaftsordnung und vorbereitet durch die Theorie- und Wahrheitsszenen des Dokuments auf engstem Raum eine progressive, für die Entstehungszeit ohne Zweifel avantgardistische Theorie der Kunst, in deren Zentrum neben der Rhetorik auch noch zwei Topoi der antiken Dichtungslehre auftauchen: die auf Aristoteles abonnierte Wirklichkeits-/Möglichkeitspoetik und die an Horaz' Formel *prodesse et delectare* (nützen und erfreuen, unterrichten und unterhalten) gemahnende Kosten-Nutzen-Rechnung der Literatur.
Die rhetorische Funktion des *Fatzerdokuments* wird von Brecht mit Blick auf den Schüler problematisiert. Der soll sich am Kommentar erproben und dessen „Schreibweise" „nachahmen", bis hin zum „auswendig lernen" jener „Stellen des Kommentars, die die Lehrer als schwierig erkennen." (C3–C6, S.514–515) So rekapituliert Brecht die Funktion der Rhetorik, nach der die Rede im Dienst der Wirkung und des Nutzens steht. Entsprechend stelle sich die „Wirklichkeit" und „Wahrheit" des *Fatzer* dann ein, wenn er von ausreichend vielen als möglich angesehen wird. Aristoteles' Nobilitierung der Literatur vor der Geschichtsschreibung, nach der der Historiker das vergangene Geschehen zu behandeln habe, der Dichter aber das mögliche, liefert den erforderlichen Wirklichkeitsbegriff. Gleichwohl, so Brecht, sei es Aufgabe der Kritik, die zeitbedingten Irrtümer des Kommentars zu korrigieren und den Gegebenheiten der Gegenwart anzupassen.
Nun erfindet Brecht unter dem Stichwort „Theater" eine Einrichtung, die Ordnung stiftet, indem sie Handlungen zuerst proben lässt. „Wenn einer am Morgen einen Verrat ausüben will, dann geht er am Morgen in das Pädagogium und spielt die Szene durch, in der ein Verrat ausgeübt wird. Wenn einer abends essen will, dann geht er abends in das Pädagogium und spielt die Szene durch, in der gegessen wird." (C8, S.517) In diesem Pädagogium „befiehlt der Staat den Schülern das Studium des Kommentars", „um ihnen Gedanken zu geben, die dem Staat nützlich sind." (C14, S.520) Gleich die ersten Zeilen des Kommentars lassen an dem revolutionären Charakter dieses Vorhabens keinen Zweifel aufkommen. „Was enthält der Kommentar: Ansichten (Theorien), die für den kollektivistischen Staat und den Weg dorthin: die Revolution nötig sind". (C1, S.513) Auf diese Weise lenkt Brecht die Trainingsmethoden der Rhetorik in die Bahnen des revolutionären Bewusstseins.[36] Der Nutzen

36 „Die Lehre von der Rhetorik 1 Die Wahl der Stilart entscheidet über alles.

der Literatur (Horaz' *prodesse*) verpflichtet zum Unterricht und zur Übung, mit der die erforderlichen Schritte des Kollektivs vorbereitet werden.[37] Im Dialog über die Notwendigkeit der Gewalt im Kampf der beherrschten gegen die herrschende Klasse zwischen M und L, MASSE und LEHRE, gibt Brecht eine Kostprobe der einzuübenden Logik.

> L Ist es gut, daß es zwei Arten von Menschen gibt? M Nein, es ist nicht gut L Wer aber will, daß es zweierlei Arten von Menschen gibt? Die herrschende Art will, daß es zweierlei Arten von Menschen gibt [...] L Wer aber weiß, daß es nur mit Gewalt geht? Wir, die große unteilbare unzerstörbare Masse. (C 18, S. 521–522)

Auf diese Weise unterzieht Brecht sein Drama einer orthodoxen Lektüre (nach griech. ὀρθὸς: recht, richtig, wahr und δόξα: Erwartung, Meinung), hinter der auch der bei Benjamin abgeschaute kritisch-aktualisierende Gestus zurückbleibt. Es gibt keinen Grund, die strikten Anweisungen des Kommentars durch eine Lesart aufzuweichen, die den unabgeschlossenen Zustand des Dramas als offene Interpretationsaufforderung versteht. Dafür ist der Auftrag des Pädagogiums zu unmissverständlich. Dass eine solche Orthodoxie auf Widerstände im Dokument trifft, ist unbestritten. Das unterscheidet Brechts Stück vom Diktat der Lehrstücke: Du sollst und musst wollen! Zumal Fatzer eine Figur ist, die bis zum bitteren Ende die Sperrminorität der poetisch notwendigen Überschreitung aufrechterhält. Das Problem des Fragments ist so gesehen nicht die Gemeinschaft, sondern der Egoist und Anarchist, durch dessen Hände das ästhetische Horn sich füllt. Ihm die Notwendigkeit des Endes anzudichten – wie Brecht es zuweilen tut –, gehorcht dem Impuls, Kunst und Wahnsinn so weit in Eins zu setzen, dass es der Zuschauer vor den Toren der Pathologie bequem hat. An diesem Punkt verwandeln die Lehrsätze des Kommentars die Gegenwehr des *Fatzerdokuments* in ein nützliches Stahlbad der orthodoxen Relektüre. Wie wichtig Brecht diese Lehre gewesen ist, belegt ein Hinweis aus dem Notizbuch 25, der die Auflage, Verbreitung und den Preis des Dramas festlegen sollte. „fatzer rundgang billig" steht dort.

Möglich nur die Stilart des Kommentars 2 Das: wem nützt es" (C 4, S. 515).

37 „Diese Spiele [des Theaters] müssen so erfunden und so ausgeführt werden, daß der Staat einen Nutzen hat. Über den Wert eines Satzes oder einer Geste oder einer Handlung entscheidet also nicht die Schönheit, sondern: ob der Staat Nutzen davon hat" (C 23, 524–525).

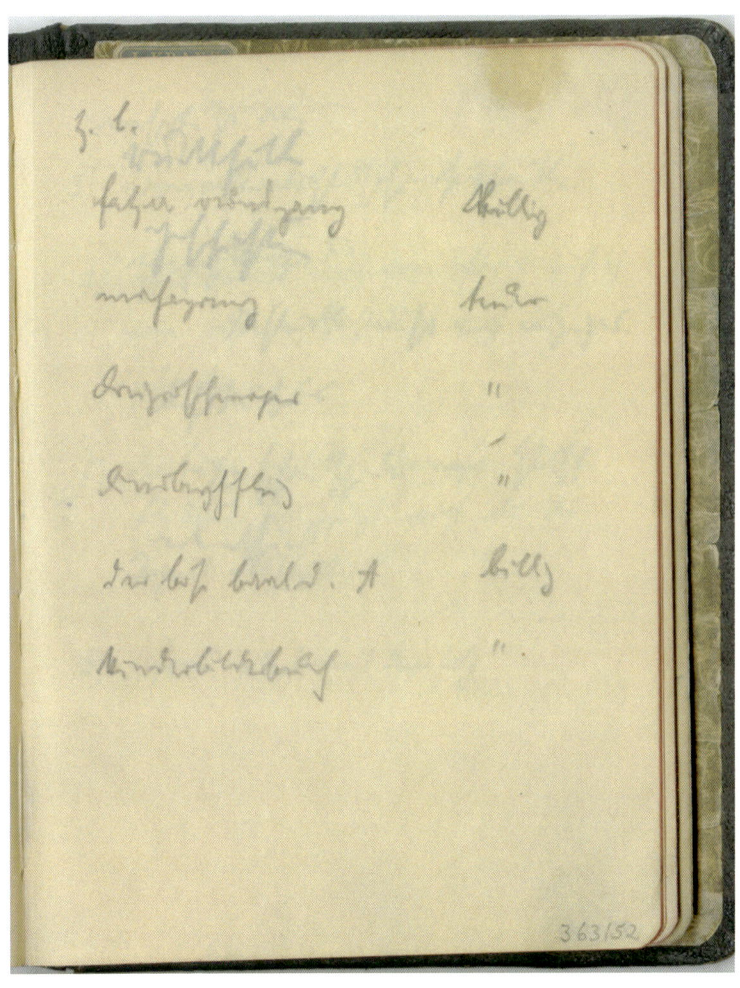

Abb. 2: Aus Bertolt Brecht: Notizbuch 25, 52r, 1930.

Der Einzelne in der Gemeinschaft

Gerechtigkeit als Kitt

Martin Kaluza

1. Der Aussteiger

> Ich mache
> Keinen Krieg mehr, sondern ich gehe
> Jetzt heim geradewegs, ich scheiße
> Auf die Ordnung der Welt. Ich bin
> Verloren.[1]

Johann Fatzer ist ein Aussteiger, ein doppelter. Erst desertiert er und lässt die Kriegsgemeinschaft hinter sich. Dann steigt er aus der Gemeinschaft der Deserteure aus, einer fünfköpfigen Gruppe, die ums Überleben kämpft. In beiden Fällen entzieht sich Fatzer den Erwartungen, die die jeweilige Gemeinschaft[2] an ihn richtet. Er macht seinen Wert als Individuum geltend, lotet aus, welche Freiheiten er zum Leben braucht und welche ihm zustehen. Er bedient sich dazu geradezu aufreizender Provokationen. So finden wir bei ihm zugespitzt Variationen der Frage, wie der Einzelne zur Gemeinschaft steht, welche Rechte er ihr gegenüber hat und wie weit die Verpflichtungen gehen, die er ihr gegenüber hat. Es ist ein Thema an der Schnittstelle zwischen Moralphilosophie und politischer Philosophie.

2. Kitt

Ich will zunächst kurz erklären, was es mit dem Titel dieses Textes auf sich hat. Als Philosoph, der sich mit Moralphilosophie und politischer Philosophie befasst, interessiert mich die Frage, wie eine perfekt gerechte Welt aussähe, nicht besonders. Aus zwei Gründen:

1 Bertolt Brecht: *Der Untergang des Egoisten Johann Fatzer. Bühnenfassung von Heiner Müller*. Frankfurt am Main: Suhrkamp 1994, S. 21.

2 Als Gemeinschaft verstehe ich im Folgenden ganz allgemein Gruppen von aufeinander bezogenen Personen, die in unterschiedlichen Zusammenhängen entstehen können. Eine Gemeinschaft kann aus Mitgliedern eines Vereins bestehen, einer Familie, den Mitarbeitern einer Firma, aus einem Freundeskreis, aber auch größeren Gruppen wie den Bürgern eines Nationalstaats. Den Begriff „Gesellschaft" verwende ich im Sinne von Bewohnern und Bürgern eines Nationalstaats – ein spezieller Fall von Gemeinschaft.

Man kann eine gerechte Welt schlecht planen. Noch vor zwanzig Jahren wäre niemand auf die Idee gekommen, dass die Frage, wer Zugang zum Internet hat, eine Frage der Gerechtigkeit sein könnte. Ein perfekt gerechter Zustand der Welt – wenn es ihn denn gäbe – wäre zudem ausgesprochen labil. Nehmen wir etwa die Verteilung der Vermögen: Selbst wenn alle Menschen (oder auch nur die Leser dieses Textes) ein genau gleich großes Vermögen hätten, würde der Zustand nicht lange andauern. Einer investiert geschickt an der Börse und wettet auf steigende Lebensmittelpreise. Der nächste lässt sich Anleihen eines Krisenstaates andrehen und geht damit baden. Ein dritter lässt einen guten Teil an der Bar und der vierte steckt das Geld ins Kopfkissen.

Viel interessanter fand ich deshalb die Frage: Da wir Menschen offensichtlich überwiegend Pessimisten sind was die Erreichbarkeit eines utopischen gerechten Dauerzustands angeht, warum werfen wir uns dann trotzdem mit solchem Eifer in Debatten um Gerechtigkeit? Und wie funktionieren Debatten über Gerechtigkeit eigentlich? Wann funktionieren sie halbwegs und wann gehen sie gnadenlos schief?

Offensichtlich geht es bei Debatten um Gerechtigkeit immer um das Verhältnis einzelner oder bestimmter Gruppen zu anderen Menschen. Das hat mit ihren Interessen zu tun. Meine erste These deshalb:

> These 1: Debatten um Gerechtigkeit entstehen immer dann, wenn Interessenkonflikte zwischen den Mitgliedern einer Gemeinschaft aufbrechen.[3]

Damit kommt der Stein ins Rollen.

> These 2: Wenn jemand sich ungerecht behandelt fühlt, hat er das Recht, seine Stimme zu erheben.
>
> These 3: Seine oder ihre Stimme muss gehört werden. Die anderen können sie nicht einfach ignorieren.
>
> These 4: Beide Seiten steigen dann in eine Prozedur gegenseitiger Begründung ein. Jeder muss seinen Standpunkt rechtfertigen. Und jeder hat das Recht, eine Rechtfertigung einzufordern.
>
> These 5: Die Rechtfertigungen müssen sich an Kriterien messen lassen: Sie müssen allgemein und unparteiisch sein.

3 Die Thesen, die im Verlauf dieses Abschnitts genannt werden, sind die kondensierte Fassung des ersten Kapitels meiner Untersuchung über die Funktion von Gerechtigkeit: Martin Kaluza: *Der Kitt der Gemeinschaft.* Paderborn: Mentis 2008.

These 6: Für uns ist es – als Staatsbürger wie auch persönlich – enorm wichtig zu wissen, dass wir unsere Stimme erheben können, wenn wir uns ungerecht behandelt fühlen. Je stärker diese Gewissheit ist, desto stärker fühlen wir uns an die Gemeinschaft (Staat, Firma, Freunde, Familie) gebunden. Deshalb: Gerechtigkeit ist der Kitt der Gemeinschaft. Sie bindet die einzelnen Mitglieder. Sie bindet das Individuum an die Gemeinschaft, die ihr Rechte verleiht und Pflichten auferlegt.

Wir kennen die umgekehrte Reaktion schon im Sandkasten: Wenn wir das Gefühl haben, unsere Stimme werde systematisch nicht gehört, kündigen wir die Freundschaft auf. In der Firma leisten wir Dienst nach Vorschrift und kündigen innerlich. Als Staatsbürger verlieren wir das Vertrauen in die Institutionen und eine Forderung wie: „Frage nicht, was dein Land für dich tun kann, sondern was du für dein Land tun kannst", perlt in kompletter Wirkungslosigkeit an uns ab.

Ähnliches habe ich in Südamerika beobachtet. In Chile zum Beispiel gab es erst vor wenigen Jahren einen detaillierten Regierungsbericht über die Verbrechen der Militärdiktatur unter Augusto Pinochet, die von 1973 bis 1989 dauerte.[4] Je mehr dort die Angehörigen und Opfer der Diktatur das Gefühl haben, ihre Stimme werde gehört, desto mehr fühlen sie sich an den neuen demokratischen Staat gebunden. Diejenigen, die den Eindruck haben, hier solle nur ein Schlussstrich gezogen werden und ihre Sicht der Geschichte zähle nicht, identifizieren sich deutlich weniger mit dem neuen Staat.

Wir wachsen in vielen verschiedenen Gemeinschaften auf, eine davon ist die Gesellschaft des Staates, in dem wir Bürger sind. Einige Gemeinschaften kann man verlassen, andere nicht. Der Punkt, auf den es mir ankommt, ist der folgende: Es wäre ein Irrtum zu glauben, dass Gemeinschaften nur Anforderungen an den Einzelnen stellen. Der Einzelne hat auch Rechte gegenüber der Gemeinschaft. Eines der wichtigsten überhaupt ist das Recht auf Rechtfertigung. Damit ist gemeint, dass man in Debatten um Gerechtigkeit Rechtfertigungen einfordern kann, dass man Begründungen einfordern kann. Die Gemeinschaft kann – wenn sie das Thema Gerechtigkeit

4 Der Bericht, *Informe de la Comisión Nacional sobre Prisión Política y Tortura*, wurde von der Valech-Kommission im Internet veröffentlicht: http://www.derechoshumanos.net/paises/America/derechos-humanos-Chile/informes-comisiones/Informe-Comision-Valech.pdf (Zugriff am 12.03.2014).

ernst nimmt – vom Einzelnen nur verlangen, was auch allgemein und gegenseitig begründbar ist. Alles andere wäre Willkür.
Meine Explikation der Funktion von Gerechtigkeit schließt an eine akademische Debatte an, die sich vor allem in der Folge eines einzelnen Buches entsponnen hat: John Rawls stellte 1971 in *A Theory of Justice* die Frage nach einer gerechten Gesellschaft und dem Stellenwert sowie den Rechten des Einzelnen gegenüber der Gesellschaft.[5] Er entwirft seine egalitaristische Theorie der Gerechtigkeit in expliziter Abgrenzung zu utilitaristischen Ansätzen, die den Einzelnen zugunsten des Allgemein- oder des Gesamtwohls zu opfern bereit sind.
Rawls verleiht dem Einzelnen eine starke Position, gerade in Fragen der Verteilungsgerechtigkeit. Zwar hält er es für gerechtfertigt, dass einige Mitglieder einer Gesellschaft größeren materiellen Wohlstand genießen als andere. Doch er flankiert das mit strengen Bedingungen, die verhindern, dass der Einzelne in seinen persönlichen und politischen Rechten eingeschränkt wird. Und er vertritt ein Prinzip, nach dem ohnehin Wohlhabende nur dann materiell besser gestellt werden dürfen, wenn gleichzeitig das ärmste Mitglied der Gesellschaft auch besser gestellt wird. Außerdem argumentiert Rawls, dass das Individuum eine Reihe politischer Grundrechte besitze, die nicht den Interessen anderer untergeordnet werden dürfen.[6]
Wenn ich hier also eine Lektüre ausgewählter Passagen aus dem *Fatzer* zu moralischen Fragen vornehme, dann in dem Bewusstsein, dass die Moralphilosophie, die ich im Kopf habe, keine ist, auf die Brecht selbst schon Bezug hätte nehmen können. Es geht mir um eine nachträgliche Interpretation, um einen Versuch, *Fatzer* auf der thematischen Landkarte zu verorten und aus Sicht einer modernen, egalitären Moral zu deuten.

3. Konflikte brechen auf

Es gibt – so lese ich es – einen Punkt, an dem die Figur Fatzer kippt. Zu Beginn sitzen Fatzer und seine Schicksalsgenossen in einem Boot. Sie sind desertiert und auf der Flucht. Sie müssen um jeden Preis unerkannt bleiben und stehen gleichzeitig vor zwei immensen Herausforderungen: Sie brauchen Unterschlupf, und sie müssen

5 John Rawls: *A Theory of Justice.* Cambridge, Mass.: Belknap 1971.

6 Siehe dazu die zwei Prinzipien der Gerechtigkeit, die im Zentrum seiner Theorie stehen. Vgl. ebd., S. 60–61.

sich ernähren. Die Notwendigkeiten schweißen die Gruppe zusammen. Ihre Mitglieder haben die gleichen Interessen.
Johann Fatzer sticht aus der Gruppe hervor. Einem der Kameraden hatte er bereits das Leben gerettet, indem er ihn aus dem Feuer trug. Fatzer hat offensichtlich ein großes Talent, immer wieder Essen für alle zu beschaffen. Doch dann bricht er vordergründig unmotiviert einen Streit mit einem Fleischer vom Zaun, über den er eigentlich Fleisch hätte beschaffen sollen. Er schneidet sich und seine Mitdeserteure von der Lebensmittelversorgung ab.
Fatzer hält Verabredungen mit seinen Schicksalsgenossen nicht mehr ein. Im Gefühl der Unangreifbarkeit treibt er das kleine Machtspiel immer weiter. Er unternimmt Spaziergänge in der Stadt und riskiert, dass dadurch alle auffliegen. Fatzer fühlt sich offensichtlich nicht an seine Abmachungen mit der Gruppe gebunden. Das Bild einer Figur, die der Gruppe viele Dienste erwiesen hat, verkehrt sich ins Gegenteil.
Fatzer geht noch weiter. Er schwängert Therese Kaumann, die Frau eines der Deserteure. Bei ihm hatten sie Unterschlupf gefunden. Kaumann ist gedemütigt. Die Spannungen in der Gruppe werden dadurch noch verstärkt, dass sie nur eine Nacht in Kaumanns Haus bleiben können – der Unterschlupf ist zu gefährlich und daher keine Dauerlösung.
Brecht notiert in einem Kommentar der 3. Arbeitsphase, was Heiner Müller in seiner Bühnenbearbeitung später den Chor sagen lässt. Es ist ein Kommentar zur Situation der Gruppe:

> Furchtzentrum des Stücks.
> Während der Hunger sie anfällt, geht das Dach über ihren Köpfen weg, verläßt sie ihr bester Kamerad und spaltet sie der Sexus.
> Hin und her schwankende Entschlüsse. Anarchie. Verwilderung. Dann konstituiert sich eine Art Sowjet.
> Die Uneinigkeit führt zum System der Stimmenmehrheit.[7]

Das bringt die oben erwähnte Ausgangsüberlegung auf den Punkt: Debatten um Gerechtigkeit brechen dann auf, wenn innerhalb einer Gemeinschaft Interessenkonflikte entstehen. Solange die Interessen der Beteiligten nicht in Konkurrenz zueinander stehen, stellt sich die Frage nach Gerechtigkeit gar nicht. Aber solche Zustände sind nicht stabil. Konflikte brechen immer auf, wenn Menschen

7 Bertolt Brecht: Fatzer. In: Ders.: *Werke. Große kommentierte Berliner und Frankfurter Ausgabe*, Bd. 10.1. Berlin / Frankfurt am Main: Aufbau / Suhrkamp 1997, S. 387–529, hier S. 428.

zusammenleben. Also: Ab jetzt ist Musik drin! Und ab jetzt erweist sich, ob der Einzelne in der Gemeinschaft zählt oder nicht. Für Kaumann heißt der Ausweg an dieser Stelle Revolution – er will die Unzufriedenheit in revolutionäre Energie kanalisieren.

4. Egalitäre vs. autoritäre Moral

Es hat in der Philosophiegeschichte viele Versuche gegeben, Moral (bzw. moralische Rechte und Pflichten) nicht traditional oder autoritär zu begründen. Moralische Prinzipien oder Urteile sollen nicht im Rückgriff auf göttliche oder sonst eine höhere Autorität begründet werden. Eine Linie versucht, moralische Begründungen in der Tradition Kants rational zu begründen, beispielsweise indem sie unmoralisches Verhalten als widersprüchlich auszuweisen versucht. Ernst Tugendhat geht davon aus, dass uns keine Autoritäten oder letzten Instanzen für die Begründung moralischer Normen und Urteile zur Verfügung stehen. Vielmehr sei die Begründung einer Moral in Zeiten nach der Aufklärung in erster Linie als Begründung gegenüber denjenigen zu verstehen, die in ihren Geltungsbereich fallen. Da eine Verankerung in äußeren Autoritäten nicht möglich ist, nimmt die Begründung eine andere Form an: Wir können sie uns als argumentative Begründung eines Vorschlags vorstellen, wie das Zusammenleben zu gestalten sei. Ein wichtiger Punkt ist folgender: Der Status moralischer Urteile in einer modernen Moral ist nicht mit dem Status moralischer Urteile in einer autoritären Moral vergleichbar: Sie sind keine Befehle, sondern Ausdruck der Einsicht in das, was zu tun richtig ist.[8]

Doch auch eine moderne Moral weist nicht nur Pflichten zu. Die spiegelbildliche Entsprechung der Forderung nach Einsicht ist eine Anerkennung des Individuums als Subjekt und Träger moralischer Rechte.

Für jeden Menschen ist es von fundamentaler Bedeutung, überhaupt zum Kreis der Personen zu zählen, die in den Genuss moralisch begründeter Ansprüche kommen. Axel Honneth hat das in *Kampf um Anerkennung* ausführlich durchgespielt. Er ist der Ansicht, dass moralische Verletzungen auch und vor allem Verweigerungen von Anerkennung sind. Den Grund sieht er darin, dass der Mensch

8 Ausführlicher ist dieser Gedankengang dargestellt in Kaluza: *Der Kitt der Gemeinschaft*, S. 98ff., bes. S. 102. Ähnliche Einschätzungen formulieren Ernst Tugendhat: Zum Begriff und zur Begründung von Moral. In: Ders.: *Philosophische Aufsätze*. Frankfurt am Main: Suhrkamp 1992, S. 315–333, hier S. 333, und Stefan Gosepath: *Gleiche Gerechtigkeit*. Frankfurt am Main: Suhrkamp 2004, S. 147.

von der Erfahrung von Anerkennung konstitutionell abhängig sei. Um zu einer, wie Honneth es nennt, geglückten Selbstbeziehung zu gelangen, ist der Mensch auf die intersubjektive Anerkennung seiner Fähigkeiten und Leistungen angewiesen. Honneth argumentiert, dass die Verweigerung von Anerkennung von einer Person nicht in erster Linie als Regelverstoß der anderen wahrgenommen werde. Erfahrungen der Missachtung werden als beschämend, entwürdigend und verletzend empfunden.[9] Fatzer können wir als Figur lesen, die sich mit Händen und Füßen dagegen sträubt, seine Situation als Entrechteter als beschämend und entwürdigend anzunehmen.

Als Maßstab für Gerechtigkeit sind solche subjektiven Empfindungen zwar nicht geeignet – schon weil verschiedene Menschen die Verweigerung von Anerkennung unterschiedlich stark wahrnehmen. Auch kann man sich in ungerechten Zusammenhängen anerkannt fühlen (etwa als Rassist unter Gleichgesinnten). Es bedarf also flankierender Begründungen aus moralischer Sicht.[10] Doch der entscheidende Punkt in diesem Zusammenhang ist folgender: Der Einzelne fühlt sich einer Gemeinschaft umso stärker zugehörig, je mehr er die Gewissheit spürt, dass er die ihm zustehende Anerkennung genießt. Das zeigt sich im Fall politischer Zusammenhänge vor allem darin, dass ihm gleiche politische Rechte zugestanden werden und dass seine Stimme gehört wird.

Und wenn wir diese Faktoren zusammenhaben, dann verbietet sich eine autoritäre Moral von selbst: Bürgerliche Doppelmoral ist damit genauso ausgeschlossen wie eine „Moral der Reichen“ oder eine „Moral der Starken“. Sie stellen eine Form von Missachtung des Individuums dar, einen Fall verweigerter Anerkennung.

5. Das Recht auf Anerkennung

Fatzer erlebt gleich mehrere Gemeinschaften als Zwangsgemeinschaft. In der Gruppe der Deserteure mag der Zwang zunächst nicht im Vordergrund gestanden haben – es ließe sich spekulieren, dass die Gruppe ihm auch Möglichkeiten eröffnet hat, die ihm allein verschlossen geblieben wären. Doch zunehmend stellen sich ihm die Anforderungen der Gruppe als Fortsetzung der Zwänge dar, die das alte Gesellschaftssystem und die Kriegsgemeinschaft

9 Vgl. Axel Honneth: *Kampf um Anerkennung*. Frankfurt am Main: Suhrkamp 1992, S.164ff., und Kaluza: *Der Kitt der Gemeinschaft*, S. 113ff.

10 Vgl. Kaluza: *Der Kitt der Gemeinschaft*, S. 115–116.

an ihn richteten. Er leidet darunter, nicht als Mensch mit eigenen Bedürfnissen anerkannt zu werden, sondern als Mittel zum Zweck angesehen zu werden:

> Ich bin gegen eure mechanische Art
> Denn der Mensch ist kein Hebel.
> Auch habe ich starke Unlust, einzig zu tun
> Von vielen Taten die, welche mir nützlich. […]
> Ihr aber rechnet auf den Bruchteil aus
> Was mir zu tun bleibt, und setzts in die Rechnung.
> Aber ich tus nicht! Rechnet!
> Rechnet mit Fatzers Zehngroschen-Ausdauer
> Und Fatzers täglichem Einfall!
> Schätzt ab meinen Abgrund
> Setzt für Unvorhergesehenes fünf
> Behaltet von allem, was an mir ist
> Nur das euch Nützliche.
> Der Rest ist Fatzer.[11]

Ich lese diese Passage als Forderung Fatzers nach Anerkennung. Fatzer, der desertiert und aus der Kriegsgemeinschaft ausgestiegen ist und dem die Schicksalsgemeinschaft der Mitdeserteure immer noch zu viel abverlangt, kämpft um Selbstbestimmung. Gleichwohl schließt sich die Frage an, ob und wenn ja ab welchem Punkt er zu weit geht und seinerseits Zwänge auf die anderen Deserteure ausübt, die sich nicht rechtfertigen lassen. Fatzer und Koch haben in diesem Punkt unterschiedliche Ansichten. Dass Kochs Standpunkt nicht haltbar ist, wird sich im folgenden Abschnitt zeigen.

6. Begründungen und Einsicht

Es geht aufs Ende zu, Fatzer und die anderen Deserteure haben sich verschanzt und geraten immer weiter in ausweglose Bedrängnis. Das gemeinsame Schicksal schweißt sie schon lange nicht mehr zusammen. Die anderen sind von Fatzers Verhalten heillos enttäuscht. Wie ein Tribunal bauen sie sich vor ihm auf und erklären ihm, dass sie ihn jetzt töten werden. Koch sagt:

> Du warst ein guter
> Mann, wo immer du warst
> Jetzt mußt du hin sein
> Dieweil du krank geworden
> Bist und schlecht.
> Drum sollst du hingerichtet
> Werden nach dem Beschluß
> Von zwei Menschen und einem

11 Brecht: *Der Untergang des Egoisten Johann Fatzer*, S. 60.

Toten ohne Aufschub!
Sag, daß du
Einverstanden bist.[12]

Die Situation, die Brecht hier aufbaut, hat gewisse Parallelen zu einem Gerichtsprozess. Fatzers Mitdeserteure sitzen zu Gericht über ihn. Hier wird Einsicht eingefordert. Aber etwas stimmt nicht. Koch/Büsching und seine Freunde überspannen den Bogen. Ganz gleich ob Fatzer den Tod verdient hat oder nicht – er bekommt kein faires Verfahren. Das entwertet die Forderung nach Einsicht. Über Fatzer wird in einer Art Schauprozess gerichtet. Gleichzeitig wird von Fatzer Einsicht gefordert. Damit rührt Brecht an zwei wunde Punkte.

Einsicht ist in Gerechtigkeitsdebatten ein wichtiger Faktor. Sie ist die Entsprechung zu der Forderung, dass Begründungen allgemein und gegenseitig nachvollziehbar sein sollen. Das wird deutlich, wenn man sich die institutionalisierte Form von Gerechtigkeitsdebatten ansieht: einen Gerichtsprozess. Nachdem Anklage und Verteidigung ihre Sicht der Dinge dargelegt haben, nachdem Zeugen vernommen wurden und das Gericht seine Entscheidung gefällt hat, wird das Urteil verlesen – im Namen des Volkes; verallgemeinerbar und unparteiisch. Und dann kommt der Part, der nicht minder interessant ist, nämlich die Urteilsbegründung. Sie ist eine Aufforderung zur Einsicht an den Angeklagten. Das Gericht muss belegen, dass er nicht willkürlich bestraft wird. Dieses Prinzip ist im Tribunal gegen Fatzer verletzt. Umso absurder ist es, von ihm auch noch Einsicht zu fordern.

Schauprozesse sind Beispiele für Unrecht und Ungerechtigkeit par excellence. Aber sie widerlegen nicht die Idee der Gerechtigkeit. Sie illustrieren im Gegenteil die Kraft der Gerechtigkeit. Die ist tatsächlich so groß, dass auch Unrechtsregimes und Diktatoren sich die Rhetorik der Gerechtigkeit zu eigen machen – und damit natürlich pervertieren. Kein Diktator der Welt stellt sich selbst nach außen freiwillig als ungerecht dar oder seine Handlungen als willkürlich. Indem sich eine Diktatur die Rhetorik der Gerechtigkeit aneignet, pervertiert sie sie. Und damit, in diesem Negativbild, wird deutlich, was Gerechtigkeit ausmacht und was hier eigentlich fehlt: Die behaupteten Rechtfertigungen einer Diktatur basieren nicht

12 Brecht: *Der Untergang des Egoisten Johann Fatzer*, S. 114. Koch spricht diesen Text in der Bühnenfassung von Heiner Müller. In der Werkausgabe ist es Büsching, vgl. Brecht: Fatzer, S. 448.

auf verallgemeinerbaren Begründungen.[13] Und für den Einzelnen, der in einer solchen Gesellschaft lebt, bedeutet das: Seine Stimme wird nicht gehört.

Das Tribunal über Fatzer illustriert das exemplarisch. Koch, dessen Figur zunächst als ‚der Gerechte' aufgebaut wird, überzieht schließlich die Forderungen an Fatzer und richtet ihn ohne faires Verfahren. Er wird damit zum Selbstgerechten. Gemessen an den Anforderungen an eine egalitäre Moral wird schnell deutlich, dass Koch nicht wirklich gerecht ist, sondern sich die Rhetorik der Gerechtigkeit nur angeeignet hat. Kochs Standpunkt einer autoritären Moral ist nicht haltbar. In einer modernen, egalitären Moral wäre zudem noch positiv das Recht auf Selbstbestimmung eingeschrieben, das Fatzer verwehrt wird. Am Ende des *Fatzer* stirbt der Individualist. Aber nicht das Recht auf Selbstbestimmung.

13 Ich habe das an anderer Stelle ausführlicher erklärt, vgl. Kaluza: *Der Kitt der Gemeinschaft*, bes. S. 52ff.

„Haut ab!"
Von Arbeitslosen und der theatralen Ökonomie des Zeigens

Mayte Zimmermann

Ausgangspunkt der diesjährigen Fatzer Tage war die Auseinandersetzung mit Gemeinschaften und dem, was sie ebenso notwendig ein- wie ausschließen: dem/der/den Einzelnen. Im *Fatzer*-Fragment Bertolt Brechts begegnet man *ex negativo* der Kriegs- und Volksgemeinschaft Deutschlands im Ersten Weltkrieg. Eine zweite Gemeinschaft bildet sich im Ausgang von dieser: Eine Gruppe von Deserteuren tritt auf, die scheinbar lebensnotwendig aufeinander bezogen sind und doch gemeinsam nicht leben können. „Ich bin gegen eure mechanische Art", so Fatzer, „denn der Mensch ist kein Hebel. [...]/ Ihr aber rechnet auf den Bruchteil aus / was mir zu tun bleibt, und setzt's in die Rechnung."[1] Doch die Rechnung geht nicht auf – es bleibt ein Rest, ein Widerstand, der das reibungslose Funktionieren der Gruppe verhindert und dieser Rest ist Fatzer – der Egoist, der Asoziale, der Verräter.

Der folgende Beitrag möchte die Frage der Gemeinschaft und des Einzelnen nicht entlang des *Fatzer* als narrative Verhandlung politischer und sozialer Praktiken diskutieren, sondern entsprechend der Anlage des Fragments – das neben Szenen auch Kommentar(e) umfasst – nach dem Theater als Praxis fragen. Als „Kunst des Sozialen schlechthin"[2] scheint auch Theater etwas zu sein, das nicht nur alleine *nicht* zu haben ist, sondern das mit Brecht darüber hinaus auf intrinsische Weise von demjenigen aus gedacht und praktiziert werden muss, der bzw. das ihm unverfügbar, widerständig bleibt. In der „Theorie der Pädagogien" heißt es dazu:

> Der Nutzen, den der Staat haben soll, könnte allerdings von platten Köpfen sehr verkleinert werden, wenn sie z.B. die Spielenden nur solche Handlungen vollführen lassen würden, die ihnen sozial erscheinen. Aber gerade die

1 Bertolt Brecht: Fatzer. In: Ders.: *Werke. Große kommentierte Berliner und Frankfurter Ausgabe*, Bd. 10.1. Berlin / Frankfurt am Main: Aufbau / Suhrkamp 1997, S. 387–529, hier S. 495.

2 Hans-Thies Lehmann: *Postdramatisches Theater*. Frankfurt am Main: Verlag der Autoren 1999, S. 469.

> Darstellung des Asozialen durch den werdenden Bürger des Staates ist dem Staate sehr nützlich, besonders wenn sie nach genauen und großartigen Mustern ausgeführt wird. Der Staat kann die asozialen Triebe der Menschen am besten dadurch verbessern, dass er sie, die von der Furcht und der Unkenntnis kommen, in einer möglichst vollendeten und dem Einzelnen selbstständig beinah unerreichbaren Form von jedem erzwingt. Dies ist die Grundlage des Gedankens, das Theaterspielen in Pädagogien zu verwenden.[3]

Bevor diskutiert werden könnte, welches Theaterdenken sich in diesem nicht länger zwischen „Tätigen und Betrachtenden"[4] unterscheidenden Pädagogium verbirgt, gilt es, sich der asozialen „Grundlage" zuzuwenden, die dem Theater hier zugeschrieben wird: Zunächst wird das Asoziale im Sinne eines Gegenbegriffs zu einer sozialen und durch gesellschaftliche Normen strukturierten Gemeinschaft als *außerhalb* der Gemeinschaft stehende *Figur* (der Asoziale) aufgerufen. Sodann aber beschreibt es eine *Verhaltensform* (asoziale Triebe), welche scheinbar in jedem Menschen und damit *innerhalb* der Gemeinschaft angelegt ist. Gleichwohl es „genaue und großartige Muster" zur Darstellung des Asozialen zu geben scheint, verhalten sich diese Muster als Widerpart zu einer sozialen Ordnung, die nur nach der Maßgabe von Spielenden bzw. Spielleiter „erscheint", die also nicht als festgelegte oder gar natürliche zu denken ist, sondern ihrerseits im Spiel erprobt wird. Noch paradoxer schließlich erweist sich die vom „Einzelnen selbstständig beinah unerreichbare Form", als welche das Asoziale „erzwungen" wird – hier scheint sich das klassische Verständnis von Asozialität als egoistische Verweigerung des sozialen Miteinanders zu einer Nötigung des Verzichts aus Kommunität zu verkehren.

Als asozial charakterisierbare Figuren sind in Brechts Stücken keine Seltenheit.[5] Über die Fabeln hinaus, in welche sie eingelassen sind, stellen sie bereits als Texte, die dafür geschrieben sind, gesprochen zu werden, auf einer Bühne ins Spiel gebracht zu werden, sich zu einem Aussageort zu verdichten, eine Herausforderung für jede Theaterpraxis dar: Es stellt sich nämlich die Frage, ob jede Form der Darstellung, die das Asoziale als einen erkenn- und verstehbaren

3 Brecht: Fatzer. S. 525.

4 Ebd., S. 524.

5 Vgl. Nikolaus Müller-Schöll: *Das Theater des konstruktiven Defaitismus.* Frankfurt am Main / Basel: Stroemfeld 2002, insbes. das Kapitel „Brechts Asoziale unter dem Diktat des Sozialen", S. 431–435. Müller-Schöll nennt hier neben Fatzer natürlich auch Baal, aber ebenso „Kragler, Begbick, Glücksgott, Galilei, Pfeifenpieter, Yang Sun, Gäste des Wirtshauses *Zum Kelch* im *Schweyk* und Richter Azdak" (ebd., S. 431).

Mitspieler einsetzt, nicht bereits gemäß jener Rechnung funktioniert, die den Rest Fatzer verpasst – und verspielt. Muss aus der Ambivalenz des Asozialen bei Brecht nicht vielmehr ein Theaterdenken und -praktizieren abgeleitet werden, welches bereits bei der Frage von Erkennbarkeit, Identifizierbarkeit (nicht nur des Asozialen) einsetzt?

Inwiefern es sich hierbei um eine Notwendigkeit theatraler Praxis handelt, möchte ich nun im Folgenden anhand der Arbeit *Frontalunterricht* des Berliner Künstlers Ulf Aminde diskutieren.[6]

I. Das Problem mit den/m Asozialen im Theater

Frontalunterricht ist das Ergebnis einer Auftragsarbeit der Schillertage Mannheim 2009, für die Aminde gemeinsam mit einer Gruppe langzeitarbeitsloser Jugendlicher ein Schillerstück für die Staatstheaterbühne entwickeln sollte. Dieses Projekt bzw. genauer: diese ursprüngliche Idee scheiterte – wer die Arbeit *Frontalunterricht* besucht, betritt kein ‚Theater', sondern einen mit schwarzem Molton ausgekleideten Ausstellungsraum, in welchem ein einzelner Stuhl gegenüber einer Projektionsfläche zum Sitzen einlädt. Die Projektion nimmt fast die gesamte Rückwand des Raumes ein – sie ist ergo auch der Ort, auf den sich alle Aufmerksamkeit fokussiert. Zu sehen sind ungefähr sechzehn Jugendliche, die in einem Probenraum des Mannheimer Theaters in zwei Reihen frontal vor der Kamera sitzen. Dieser im Video sichtbare Raum (schwarzer Holzboden, schwarze Wände, schwarze Holzstühle) wird durch die Einrichtung des Ausstellungsraumes aufgenommen, so dass die Behauptung eines gemeinsamen Raumes angedeutet wird. Die Bildkomposition leistet diesem Eindruck Vorschub: Die Kamera war ebenerdig postiert, so dass das von ihr produzierte Bild die erste Sitzreihe auf Augenhöhe zu sehen gibt, die dahinter Sitzenden schlecht bis gar nicht sichtbar sind. Die Perspektive ist statisch, der Bildausschnitt bleibt gleich, es gibt keine Kamerabewegung und auch keine Schnitte im Videomaterial. Insgesamt handelt es sich um ca. 50 Minuten Material, das im Loop gezeigt wird. In dieser Zeit tritt niemand aus dem Bildrahmen heraus oder in ihn hinein. Die einzigen Bewegungen im Videobild finden auf der

6 Ich beziehe mich im Folgenden auf die Ausstellung von *Frontalunterricht* bei *Made in Germany* in Hannover 2012 sowie in der Ausstellung *Der Noth gehorchend, nicht dem eigenen Trieb* im Kunstverein Heidelberg 2012. Bei Ulf Aminde möchte ich mich dafür bedanken, dass er mir die Videospur der Arbeit zur Verfügung gestellt hat.

Tiefenachse statt: Jeweils einzeln oder in kleinen Gruppen treten die jungen Erwachsenen aus der Stuhlreihe heraus, auf die Kamera (und damit auf den Betrachtenden) zu und improvisieren im Stil laienhafter Schauspieler*innen eine kurze Darbietung, bevor sie wieder Platz nehmen.

Sowohl durch den räumlichen Aufbau der Installation als auch die Bildkomposition befinden sich die Installationsbesucher*innen von Beginn an in einer Situation vermeintlicher Adressierung: Das Videobild situiert die Jugendlichen *mir* gegenüber, sie blicken in *meine* Richtung, sie treten auf *mich* zu und spielen *mir* etwas vor. Verstärkt wird dieser Eindruck einer persönlichen Adressierung dadurch, dass die Installation nur einen Stuhl zum Niederlassen anbietet, auf dem – dem Augpunkt des Fürsten früher neuzeitlicher Theater vergleichbar – die räumliche Anordnung der Blickachsen ihre illusionistischste Entfaltung erfährt. Zugleich aber findet sich dieser Besuchende in einer kommunikativen Situation wieder, die sich erst mit der Zeit erschließt: Zunächst ist unklar und verwirrend, *was* die Jugendlichen in ihren kurzen Performances eigentlich darbieten. Ebenso merkwürdig mutet an, dass diese *Auftritte* sich – zumindest zu Beginn der Videospur – auf einen Bruchteil der gefilmten Zeit beschränken. Stattdessen schaut man sich minutenlang eine Gruppe von Jugendlichen an, die einem in privater Haltung, vermutlich in ihrer Alltagskleidung gegenübersitzen. Das schlichte Gegenübersitzen verführt den Zuschauenden zu musternden Blicken: Wer sitzt da? Oder genauer: Wer ist *mir* hier warum *entgegengesetzt*? Noch vor jeder Frage danach, was uns diese Jugendlichen *vorspielen*, zwingt uns *Frontalunterricht* die Frage nach dem Auftreten *dieser Jugendlichen* auf.

„Den Leuten ihre Bühne"[7] – so der Versuch der Journalistin Katrin Müller, Amindes künstlerische Methode wie gleichermaßen sein Anliegen zu beschrieben. Tatsächlich findet Aminde die Darsteller*innen seiner zwischen Video, Bildender Kunst und Theater aufgespannten Arbeiten nicht in Schauspielensembles, sondern ‚auf der Straße' bzw. in gesellschaftlichen Gruppierungen, die dem immer noch bildungsbürgerlich geprägten Raum des Theaters (eher) fremd sind. Das Heraustreten aus der Gesichtslosigkeit, das Auftreten in repräsentativen Räumen, wird lebensweltlich

7 Katrin Bettina Müller: Den Leuten ihre Bühne. In: *Taz. Die Tageszeitung*, 24.03.2006, http://www.taz.de/1/archiv/?id=archivseite&dig=2006/03/24/a0240 (Zugriff am 28.03.2014).

gerne mit positiven Vorstellungen wie einem Zuwachs an Souveränität verbunden bzw. es erscheint überhaupt als Eintrittspforte in jegliche Form von diskursivem Gefüge: Sich nicht darstellen zu können oder von repräsentativen Politiken nicht berücksichtigt zu werden, stellt unmittelbar den Status als menschliches Subjekt in Frage. Die komplexen ökonomischen, ästhetischen und juridischen Verknüpfungen, welche den Raum des Theaters als gesellschaftlicher Institution mit der Frage des Menschlichen verzahnen, stellt Einar Schleef in seinem dramatischen Text *Die Schauspieler* zur Disposition. Unter Rekurs auf Maxim Gorkis Stück *Nachtasyl – Szenen aus der Tiefe*, welches Anfang des 20. Jahrhunderts von Schauspieler*innen der Schule Konstantin Stanislawskis gespielt wurde, verhandelt der Text zwei unvereinbare und doch gleichermaßen berechtigte Positionen: Die von den Schauspielern vertretene Erkenntnis, dass das bürgerliche Theater und das mit ihm verbundene Menschenbild auf ganz bestimmten Ausschlüssen beruht und ökonomische Armut auch mit dem Verlust von Zugang zu darstellerischen Mitteln oder Foren einhergeht. Und auf der anderen Seite der Widerstand, der das schauspielerische Unterfangen, ‚neue', ‚wirkliche', nämlich ‚Stücke aus dem Elend' ins Theater zu bringen, als gewaltsame und verbürgerlichende Vereinnahmung ausstellt. Es ist dabei die große Qualität des Schleef-Textes, dass er es bereits auf textimmanenter Ebene schwierig bis unmöglich macht, von unvermittelten Sprecherpositionen der Asylbewohner*innen auszugehen – diese erweisen sich an vielen Stellen im Text ihrerseits als Lesung oder Probe eines Stückes, dessen Legitimität und Stimmigkeit der Asylbesuch zuallererst klären sollte.[8] Der Konflikt eines Darstellens ‚im Namen von', der bei Schleef vermittels Theater *eröffnet* wird, scheint in zeitgenössischen Theaterarbeiten nicht selten als im Theater *lösbar*, indem Schauspieler*innen (begriffen als Modell der Aneignung) durch Akteur*innen ersetzt werden, die weder mit dem Begriff Performer*in noch Expert*in oder Laie/Laiin angemessen beschrieben sind, sondern deren ‚Qualität' darin zu bestehen scheint, in irgendeiner Form anders als das bürgerliche Menschenbild zu *sein*.

Entgegen der oben zitierten Charakterisierung von Amindes Arbeit setzt *Frontalunterricht* genau an dem Punkt an, nicht nur die Legitimität solch darstellerischer (Voraus-)Setzungen in Frage zu stellen, sondern auch ihren ästhetischen ‚Wert': *Frontalunterricht* ist keine

8 Einar Schleef: *Die Schauspieler*. Frankfurt am Main: Suhrkamp 1986.

Dokumentation einer Probenzeit oder Aufführung und spielt auch nicht mit voyeuristischen Blicken, sondern ein panoptisch strukturiertes raumzeitliches Machtgefälle, das im Kern authentischer Bühnenakteur*innen eine Präsenzökonomie zu sehen gibt: Die Jugendlichen werden als Gefangene eines Bildraumes zu sehen gegeben, um dessen machtvolle Konstruktion von Sichtbarkeit sie in jedem Moment wissen – sie können vor der Kamera spielen, ihrem machtvollen ‚Blick' aber nicht entkommen. Alle Körperhaltungen und alles Gebaren – narzisstisch übersteigert, katatonisch erstarrt oder cool zurückgelehnt – lassen sich als Reaktionen auf jene Blicke verstehen, welche durch das von der Kamera präfigurierte Bild zugleich ermöglicht und ausgestellt werden. Ganz im doppeldeutigen Sinne meines titelgebenden Zitates „Haut ab"[9] überzeichnet die Inszenierung *Frontalunterricht* den Gestus einer Figuration durch Rahmung: Haut ab! impliziert im gleichen Maße die verweisende Geste, wie es im Sinne der ‚Häutung' einen Adressaten voraussetzt, der/die auf verletzende Weise bloßgelegt, ausgestellt werden kann.[10]

Der Reiz der (Ab-)Musterung, dem auf bildräumlicher Ebene Vorschub geleistet wird, wird auf der dramaturgischen Ebene allerdings absolut zurückgewiesen: So sprechen die Jugendlichen weder ‚von sich' noch von einem ‚wir' und von ihrer Arbeitslosigkeit schon gar nicht. Nach dem Installationsbesuch weiß man nichts Biographisches über die jungen Erwachsenen, bis auf wenige Ausnahmen nicht einmal ihre Namen. Aminde fokussiert mit *Frontalunterricht* jenen zwiespältigen Gestus, der seine eigene Auftragsarbeit grundiert: einen Schillertext im Auftrag eines Festivals von Arbeitslosen spielen zu lassen. Nun handelt es sich bei *Frontalunterricht* aber eben nicht um eine Schillerinszenierung, sondern eine Art Versuchsanordnung, in deren Zentrum nicht das Zeigen, sondern das Scheitern des geplanten Projektes steht. Der Moment jedoch, um mit *Fatzer* zu sprechen, ‚da die Rechnung nicht aufging', wird den

9 Brecht: Fatzer, S. 395.

10 Mit Blick auf den *Fatzer* wäre an dieser Stelle sicherlich gewinnbringend der Komplex Fleisch, Fleischbeschaffung, Zerfleischung zu untersuchen. Siehe dazu auch Alexander Karschnia: FLEISCHEXPERIMENT. Zur ‚Ästhetik des Hungers' in *FatzerBraz* von Bertolt Brecht&Co. In: Ders. / Michael Wehren (Hrsg.): *Kommando Johann Fatzer. Mülheimer Fatzerbücher 1*. Berlin: Neofelis 2012, S. 75–96. Außerdem spiele ich auf Michel Foucaults *Das Leben der infamen Menschen* an, die als „Leben von wenigen Zeilen" (S. 7) nicht mehr sind als das, „wodurch man sie niederschlagen wollte." (Michel Foucault: *Das Leben der infamen Menschen*. Berlin: Merve 2001, S. 23).

Installationsbesucher*innen nicht als nachträglich erklärbar aufbereitet, sondern scheint nur möglich *angesichts* bzw. *verstrickt* in jene machtvollen Voraussetzungen, welche den Raum bereits vor dem Auftreten der vermeintlichen Mit- bzw. Gegenspieler*innen durchzogen haben.

Mit der Zeit erschließt sich mir als Installationsbesucherin, dass die jungen Erwachsenen damit beauftragt sind, ihren Regisseur Ulf Aminde nachzuspielen, wie sie ihn während der gemeinsamen Probenzeit erlebt haben, und dass nicht spätere Zuschauer*innen die primären Adressat*innen dieser Darbietungen sind, sondern Ulf Aminde selbst, der während der Aufzeichnung neben oder hinter der Kamera gesessen haben muss. Die Kamera verfügte zwar nur über ein Richtmikrophon, aber sozusagen am Rande dieses akustischen Feldes ist der Regisseur auf der Videospur vernehm- und damit verortbar: er scheint ungefähr an jenem Ort gesessen zu haben, an dem ich nun Platz genommen habe. Gleichwohl ich ihn nie sehe, kann aus den Reaktionen der Jugendlichen und den akustischen Spuren geschlossen werden, dass Aminde seinerseits kurze Imitationen der Jugendlichen zum Besten gibt. *Frontalunterricht* erweist sich also als komplexer Dialog, dessen Wechselrede jedoch nicht in souveränen oder erklärenden Aussagen besteht, sondern im wechselseitigen Sich-Aneignen wie Von-Sich-Wegstellen der jeweils anderen Sprache: „Ihr seid doch nur ne Nummer beim Arbeitsamt, aber bei mir nicht. Ich will euch hier eine Chance geben, aber ihr erkennt se nicht, ihr wollt se wohl einfach nich haben!" Unentscheidbar bleibt für mich als Zuschauerin, ob Aminde diesen Satz so jemals wirklich gesagt hat, ob er aus provokativen Gründen schlicht ausgedacht ist oder ob er eine Verletzung ausspricht, die sich nicht *als solche* artikulieren lässt, weil sie dem Vorgang entspringt, mit den Mitteln des Theaters zu einem *solchen* gemacht zu werden.

II. (Gem)Einsame Arbeit

„Warum nicht hingehen und diese Leben dort hören, wo sie selbst sprechen?", fragt Michel Foucault rhetorisch im *Leben der infamen Menschen*, um sogleich weiter zu fragen: „Ist es denn nicht einer der grundlegenden Züge unserer Gesellschaft, dass das Schicksal darin die Form des Verhältnisses zur Macht, des Kampfes mit ihr oder gegen sie annimmt?"[11] Auf der Ebene der bildräumlichen

11 Foucault: *Das Leben der infamen Menschen*, S. 17.

Inszenierung stellt sich in *Frontalunterricht* jenes ökonomische Modell des Zeigens als Machtgefüge zur Disposition, das sich mit den neuzeitlichen Bühnenformen als „Prinzip der frontalen Gegenüberstellung“[12] etablierte. Auf dramaturgischer Ebene kreist *Frontalunterricht* um die Genese dessen, was in diesem Rahmen erscheinen soll: Das Produkt gemeinsamer Arbeit. Natürlich ist es im Rahmen dieses Aufsatzes nicht möglich, den mannigfaltigen Bedeutungsfacetten des Arbeitsbegriffes gerecht zu werden. Es muss an dieser Stelle genügen, zwischen einer Produktbezeichnung (Aufführung) und der Probenarbeit zu differenzieren. Die Jugendlichen erscheinen hier als doppelter Widerpart: Sie werden als Arbeits*lose* in Szene gesetzt, also als Ausgeschlossene der Realökonomie (denen geholfen werden muss/kann – aus unerfindlichen und niemals thematisierten Gründen durch die Teilnahme an einem Theaterprojekt), und zugleich als jene, denen offensichtlich das Scheitern (oder das Nicht-Funktionieren) einer ‚gemeinsamen (Theater-) Arbeit‘ zur Last gelegt wurde. „Ich will hier Theater machen“, schreit ‚Ulf Aminde‘. „Aber ihr, ihr rafft’s einfach net!“
Dem Auftrag einer produktorientierten Arbeit steht gegenüber, dass *Frontalunterricht* einem einmaligen und in körperlicher Abwesenheit eines Publikums durchgeführten Experiment entspringt, für das Aminde bewusst *nicht* die Bühne des Mannheimer Staatstheaters, sondern einen Probenraum gewählt hat. Mieke Matzke spricht mit Blick auf die Genese dieser Räume ab dem 18. Jahrhundert von einem Paradigmenwechsel, welcher die Arbeit am und im Theater vom künstlerischen Produkt ‚Aufführung‘ trennt. Der Probenraum ist kein Ort einer Öffentlichkeit mehr, er ist der Raum des Regisseurs, der in Stellvertretung des Publikums mit dem ‚Blick von außen‘ eine machtvolle Hierarchie im Arbeitszusammenhang etabliert.[13] *Frontalunterricht* nimmt diesen ‚Blick von außen‘, der eigentlich ein ‚Blick von innen‘ ist, der also ein Innen gegen ein tatsächliches Außen verschließt, zum Ausgangspunkt eines Spiels, das live (vor und hinter der Kamera) gespielt wird – im Horizont des so zumindest immer wieder durch die Spieler*innen zitierten Auftrags, „Reiche, die danach Sekt trinken“ durch Selbstdarstellung zu verblüffen. „Wir machen jetzt den Hampelmann!“, verlangt einer

12 Ulrike Haß: *Das Drama des Sehens. Auge, Blick und Bühnenform.* München: Fink 2005, S. 268.

13 Mieke Matzke: *Arbeit am Theater. Eine Diskursgeschichte der Probe.* Bielefeld: Transcript 2012, S. 256.

der ‚Ulf Aminde'-Darsteller beim Nachstellen der Aufwärmphase und erntet schallendes Gelächter von den hinter ihm Sitzenden, als er tatsächlich ein paar ungelenke ‚Hampelmänner' zum Besten gibt. Damit trifft er die Ambivalenz der Teilnahme an der ‚gemeinsamen' Arbeit vielleicht am besten: Der Hampelmann ist eine Marionette, die zwar den gleichen Bewegungsradius wie da Vincis Idealmensch aufweist, aber eben nicht autonom agiert, sondern am ‚seidenen Faden' hängt, durch den sie fremdbestimmt wird. Spricht man davon, dass jemand ‚den Hampelmann macht', dann beschreibt man damit Verhaltensformen, die nicht selten mit Anerkennungsdefiziten erklärt werden. Es sind solche ‚Hampelmänner', die sich besonders gut durch (Theater-)Projekte vereinnahmen lassen, in denen es vermeintlich ‚um sie' geht – ein Topos, der in *Frontalunterricht* zum Beispiel in der Hampelmannepisode fast Züge einer Farce annimmt.

Frontalunterricht ist geprägt von Amindes generellem Anspruch, seine Projekte in Zusammenarbeit mit Menschen zu betreiben, die nicht aus dem Kreis der klassisch Kulturschaffenden stammen, zugleich aber gemahnt sie umso deutlicher der Frage, *wie* eine solche Zusammenarbeit überhaupt praktizierbar ist. Der scheinbare Widerspruch der Teilnahme aller Beteiligten an einem einstündigen Film- und Spielexperiment, das um das Scheitern der gemeinsamen Arbeit kreist, erhält zunächst eine ökonomische Antwort: für die ‚beste' Nachahmung ist der Geldpreis von 50 Euro ausgelobt. Innerhalb der Videospur werden dafür allerdings niemals Kategorien diskutiert und es kommt zu keiner Geldübergabe. Die Frage der Partizipation oder einer gemeinsamen Arbeit spricht sich vermittels einer Bindung an den ‚gemeinsamen' Konflikt des Missverstehens aus, welcher einen provokanten Schlagabtausch motiviert und motorisiert, von dem im klassischen Vokabular der Theaterwissenschaft kaum gesprochen werden kann: Weder Probe noch Aufführung ist *Frontalunterricht* trotzdem nicht ‚gescheitert' (also ‚nichts'), sondern eine Praxis der Rücksicht auf Darstellbarkeit.[14] Damit beschreibt Freud in der *Traumdeutung*, wie unbewusste Gedanken in sinnliche Traumbilder übersetzt und erst damit zu etwas werden, mit dem man ‚arbeiten' kann. Rücksicht auf Darstellbarkeit meint weder, dass es neben der Übersetzung ein eigentlich Gemeintes zu finden gäbe, noch eine bewusst gestaltende Kraft, die mit Blick auf die

14 Siegmund Freud: Rücksicht auf Darstellbarkeit. In: Ders.: *Die Traumdeutung*. Frankfurt am Main: Fischer 2009, S. 341–350.

Modalitäten von Sinnübermittlung eine bewusste Wahl treffen könnte, welcher Mittel sie sich bediente und welcher nicht. Nicht um Botschaft oder Verständlichkeit geht es in der Rücksicht, sondern um die Traum*arbeit* als Berücksichtigung der Umstände ihrer Möglichkeit. In diesem Sinne kann die Rücksicht nicht nur zeitlich, sondern auch räumlich als Sicht von hinten, als verkehrte Sicht, als Blick auf die Rückseite der Darstellung verstanden werden.

Michel Foucault beginnt in *Die Ordnung der Dinge* den Blick auf die Episteme, die Frage nach den Möglichkeitsbedingungen von Geschichte und Wissen, aber auch Menschenbilder mit dem Blick auf die Rückseite einer Leinwand (auf *Las Meninas* von Velasquez). Zur Eröffnung einer Frage aber taugt diese Leinwand nur vermittels des Malers, der sich für einen Moment aus dem „virtuellen Käfig"[15] seines Darstellungsraumes gelöst hat, der einen Schritt zurück getreten ist und dessen Auftreten und Erscheinen für den Bildbetrachter zugleich mit einer Unterbrechung seiner darstellerischen Tätigkeit einhergeht. Erst vermittels dieser unterbrechenden Bewegung kann der Status des Dargestellten zweifelhaft werden, ein Zweifel, der essentiell für die Frage nach dem Funktionieren der Repräsentation als solcher ist. In *Frontalunterricht* kommt diese Funktion dem Regisseur zu: Er versammelt zwar die klassischen Insignien seiner Darstellungsmächtigkeit ‚im Bild', er inszeniert vermittels Schauspielerei, Figur, Dialog, Auftritten, Bühne und Publikum, doch nur, indem er ein Stück von seiner darstellerischen Tätigkeit zurücktritt, kann das gemeinsame Spiel eröffnet werden.

Während Brecht noch die Bühnenarbeiter auffordert, den Zuschauer darüber aufzuklären, „dass ihr nicht zaubert, sondern / Arbeitet, Freunde"[16], entsteht *Frontalunterricht* „inmitten der Abfälle der Arbeit"[17]. Die Auftragsarbeit Schillerinszenierung wird nicht dadurch in Frage gestellt, dass ihr Spiel als Methode oder Technik ausgewiesen wird, sondern *Frontalunterricht* spielt ausschließlich mit den Resten und Abfällen, die sich dem geschlossenen Produkt als widerständig erwiesen – und die zugleich nie den Status des Spiels bzw. des Als-Ob verlieren (selbst die Frage, ob es sich bei den Spieler*innen tatsächlich um Arbeitslose handelt, muss

15 Michel Foucault: *Die Ordnung der Dinge*. Frankfurt: Suhrkamp 1971, S. 31.

16 Vgl. Bertolt Brecht: Der Messingkauf. In: Ders.: *Werke. Große kommentierte Berliner und Frankfurter Ausgabe*, Bd. 22.2. Berlin / Frankfurt am Main: Aufbau / Suhrkamp 1997, S. 695–869, hier S. 794.

17 Emmanuel Levinas: *Totalität und Unendlichkeit*, aus d. Franz. v. Wolfgang Krewani. Freiburg / München: Alber 2008, S. 255.

schlussendlich als unbeantwortbar gelten). Anders als bei Velasquez' *Las Meninas*, wo der Spiegel am Bildhintergrund als Verweis auf ein Außen zu verstehen ist, dem sich die Figuren des Bildes zuwenden und bezogen auf welches das Bild quasi aus dem Rahmen *heraus*tritt, situiert *Frontalunterricht* etwas *im Zentrum* von Theater, das sich jeder geschlossenen Vorstellung als entgegenstehend erweist, dessen in diesem Sinne asoziale Widerständigkeit zugleich aber überhaupt erst zum (miteinander) Spielen bringt.

III. Das Asoziale (ver)spielen

Bei Ulf Amindes Inszenierung handelt es sich weder um eine explizite Auseinandersetzung mit dem Fatzermaterial[18] noch um eine Theaterarbeit im klassischen Sinne. Die eingangs bezogen auf das *Fatzer*-Fragment gestellte Frage jedoch nach der Rolle des Asozialen in einer theatralen (Lehrstück-)Praxis erfährt durch *Frontalunterricht* eine vielschichtige Exposition: Aminde markiert weder Arbeitslosigkeit noch Arbeitslose als ein Problem, sondern nimmt seinen Ausgang von dem darstellungspolitischen Zugriff, der im Auftrag des Schillerprojekts geborgen ist: dem *Herein*holen von vermeintlich außerhalb der sozialen wie ästhetischen Ordnung stehenden Figuren, die am Maß dieser Ordnung als authentische Menschen/ Personen gesetzt werden.

> Versteht man neutralisieren als ungefährlich machen, dann bedeutet das auf eine gewisse Weise auch ‚heilen': Heilen als Widereingliederung in das ‚gesunde Normalitätskollektiv'. *Vor* dieser Integration, dieser *Hereinnahme* durch Heilung, ist es notwendig, durch Datenerhebung, Kategorisierungen und Differenzierungen festzulegen, wo die Übergänge zum Anormalen verlaufen, wer dazugehört und wer nicht mehr, wo die „Grenzen des Akzeptablen" verlaufen. Das Anormale muss erst erzeugt, das heißt als extrem anders markiert werden, bevor es – wohl dosiert – durch neutralisierende Heilung wieder integriert und von neuem reguliert werden kann.[19]

Ich kehre zum Beginn meines Aufsatzes zurück und zu der Frage, inwiefern jede Form der Darstellung, die den oder das Asoziale als einen erkenn- und verstehbaren Mitspieler einsetzt, nicht bereits gemäß jener Rechnung funktioniert, die den Rest Fatzer verpasst und verspielt. Der Idee eines Außerhalb sozialer Ordnungen, aus

18 Aminde bezieht sich in seinem Arbeiten allerdings immer wieder auf Bertolt Brecht.

19 Isabel Lorey: Weißsein und die Auffaltung des Immunen. Zur notwendigen Unterscheidung zwischen Norm und Normalisierung. In: Bettina Bock von Wülfingen / Ute Frietsch (Hrsg.): *Epistemologie und Differenz. Zur Reproduktion des Wissens in den Wissenschaften.* Bielefeld: Transcript 2010, S. 99–112, hier S. 111.

denen heraus asoziale Subjekte für die Bühne rekrutiert werden können, habe ich mit Ulf Aminde eine Installation entgegengesetzt, die ich mit den Worten von Florian Thamer und Tina Turnheim als eine „aktualisierte radikale Lehrstückpraxis“[20] verstehe: Aminde denkt ‚Theater' nicht als repräsentative Abbildung einer ihm vorgängigen Realität, sondern als Labor, in welchem das Erscheinen sozialer Ordnungen und ihrer Maßgaben untersucht werden kann – und sich im Drängen der Frage, „was es heißen könnte, einen Dialog fortzuführen, für den wir keine gemeinsame Grundlage annehmen können und wo wir uns gleichsam an den Grenzen unseres Wissens befinden und dennoch Anerkennung zu geben und zu empfangen haben“[21], ein Anspruch, eine *Not*wendigkeit formuliert, die Darstellung nie besitzen, die aber vermittels einer Praxis der Rücksicht zuallererst hörbar gemacht werden kann.

Eine solche Praxis aber verlangt, von einem Moment der *Trennung* auszugehen. Trennung nicht im Sinne eines empirisch-räumlichen Intervalls sondern verstanden als „ein Geschehen, das nicht vom Augenblick seiner Entstehung an seinem Gegenteil die Waage hält.“[22] Keine Ökonomie der Gegenseitigkeit also, sondern eine „Abrüstung der beherrschten Rede“.[23] Trennung beschreibt – neben der Gefahr des Egoismus – die Voraussetzungen für jede Erfahrung von Pluralität bzw. Alterität und zwar im Sinne einer Nichtintegrierbarkeit des eigenen Lebens in eine geschichtliche oder gesellschaftliche Totalität. Für *Frontalunterricht* sind Begegnung, Konfrontation, Entgegnung und Gegenüberstehen zentrale Motive. Nicht aber im Sinne des Aufeinandertreffens souveräner Gegner und ebenso wenig als für einen Zuschauenden *repräsentierte* Begegnung (der sich seinerseits als ‚Rest' und nicht als Zentrum in *Frontalunterricht* vorfindet), sondern als Konfrontation im Raum der Darstellung – als Spiel. Dem Versuch, theatrale Räume durch das Auftreten des Authentischen/der Authentischen zu re-politisieren, setzt Aminde ein Spielen des Asozialen entgegen; ein Spiel, das mit

20 Siehe Florian Thamer / Tina Turnheim: Theater der Sorge. *Politisch* Politisches Theater machen, in diesem Band, S. 181–200, hier S. 190.

21 Judith Butler: *Kritik der ethischen Gewalt.* Frankfurt am Main: Suhrkamp 2003, S. 31.

22 Emmanuel Levinas: *Totalität und Unendlichkeit.* Freiburg / München: Alber 2008, S. 253.

23 Vgl. Ulrike Haß: Trockenkeks und Spiele. Von der Unerreichbarkeit des Anderen. In: Joachim Gerstmeier / Nikolaus Müller-Schöll (Hrsg.): *Politik der Vorstellung. Theater und Theorie.* Berlin: Theater der Zeit 2006, S. 230–247, hier S. 241.

und auf den Grenzen seiner medialen Voraussetzungen gespielt wird und getragen ist von jener/m, der/die/das im Pädagogium den Verrat probt.

Stephan Suschke

Fatzer

Fatzer Sebastian Muskalla
Koch Tobias M. Walter
Büsching Daniel Sempf
Kaumann/Chorführer Stefan Piskorz
Therese Kaumann Sonka Vogt
Kommentator/Sprecher Bernd Kruse
Chor Hannah Bodenbender, Henrik Diels, Wiebke Eden, Annika Egenolf, Victoria Kaster, Jan Krüger, Silvana Nagel, Clara Peter, Juliane Schmidt, Clara Schulze-Wegener.
Regie Stephan Suschke
Ausstattung Momme Röhrbein
Dramaturgie Alexander Leiffheidt
Regieassistenz Anna Peters
Inspizienz Ito Grabosch
Aufführungsfotos Ramon Haindl, Momme Röhrbein
Premiere 16. Februar 2013, Hessisches Landestheater Marburg, Black Box

FATZER

Fatzer in Marburg

Stephan Suschke

Nach *Baal* und *Der gute Mensch von Sezuan* stand die dritte Arbeit im Rahmen einer Brecht-Folge am Hessischen Landestheater Marburg an. Der Intendant Matthias Faltz inszenierte in der Stadthalle *Die Dreigroschenoper* und stellte die für einen Stadttheaterintendanten eher ungewöhnliche Frage, ob ich Lust auf eine experimentelle Arbeit hätte. Ich schlug *Fatzer* vor. 1992/93 war *Fatzer* Heiner Müllers erste Inszenierung am Berliner Ensemble, ich sein Assistent und Regiemitarbeiter.

Rückblende

Fatzer ist ein umraunter Text; Müller hat durch seine Fassung und seine oft kolportierte Aussage, dass es einer der besten Texte der deutschen Literatur sei, wesentlich dazu beigetragen. Damals setzte Müller diesen „Jahrhunderttext“ verschiedenen eigenen aus: *Traktor*, *Der Findling* und *Mommsens Block* – für Müller war das *Germania 2*, ein durch einen Aufführungszusammenhang neu geschriebenes Stück, was schon auf *Germania 3 Gespenster am toten Mann* verwies. Es war eine trockene Aufführung, vielleicht langweilig, ein in Marmor gemeißelter Grabstein für die sozialistische Utopie. Aber immer wenn ich in der Regieloge saß, entdeckte ich etwas Neues, einen neuen Zusammenhang, eine neue sprachlich Volte, eine schauspielerische Erfindung. Auf der Bühne Ausnahmeschauspieler: Ekkehard Schall, Erwin Geschonneck, Hermann Beyer, Eva Mattes, Jaecki Schwarz und der letzte große proletarische Schauspieler Deutschlands, Hans-Peter (Pit) Reinecke, sowie der junge Uwe Steinbruch. Immer wieder war ich berührt, wenn Geschonneck vor nicht mehr als 150 Zuschauern aus der Rangloge mit Müllers Text seine Erfahrung auf den Transporten zwischen den Konzentrationslagern beschrieb, Schall einen Stuhl schwenkend „gegen die dreckigen Gesetze Eures dreckigen Staates“ wütete, Beyer Flugversuche mit Krücken unternahm. Aber auf eine merkwürdige Weise ging die Aufführung, trotz großer schauspielerischer Leistungen, trotz eines schönen sprechenden Bühnenbildes von Mark Lammert, nicht auf. Vielleicht ein Abend, der durch das Zuviel an Dramaturgie grau

geworden und, was *Fatzer* anbelangt, in der Spielweise nicht konsequent genug war. Es gab immer noch Reste von Realismus, die der „Reinheit" des Textes entgegenstanden, vielleicht auch ein Zuviel an schauspielerischen Vermittlungsversuchen. Aber das ist eine eher ungenaue Beschreibung aus der privilegierten Position jetziger Erfahrung. Schön waren die an die Vorstellung anschließenden „levers" bei Schall in der Garderobe mit Büchsenbier, Schnaps und tiefgründig-absurden Gesprächen. Es war Schalls letzte Rolle am BE und das letzte Mal, dass Geschonneck auf einer deutschen Bühne stand.

Fassung

Wesentlich für meine Marburger Fassung war die Entscheidung für den Chor. Sehr schnell wurde klar, dass wir auf einen Chor zurückgreifen konnten, der sich vor allem aus Schülerinnen und Schülern der Elisabeth-Schule zusammensetzte. Dadurch bestimmte der schon bei Brecht vorgesehene Chor die Struktur der Fassung.
Bei der Fassung hat mich das Erzählen der Geschichte interessiert. Ich wollte das ohnehin fragmentarische Werk nicht durch Bemühtheit schamanenhaft verdunkeln, sondern sehr kurz und knapp eine Geschichte erzählen. Die Müller-Fassung war Bezugspunkt, aber ich habe versucht, auch diese Erzählung zu verknappen, zu verdichten.

Einfach, klar und linear erzählen, keine Schnörkel, keinen „Zierrat an den Fundamenten" (Müller). Die sozialen Bezüglichkeiten wurden geschärft, es ging darum, alles was mit heutiger sozialer Wirklichkeit zu tun hat, zu benutzen.

Bühnenbild/Raum

Wir haben lange eine für mich schlüssige Idee Momme Röhrbeins verfolgt, die von den Auseinandersetzungen im Stück ausgeht und sie bildlich-metaphorisch fasst. Die Idee war so simpel wie verführerisch, verband sie doch einen Brecht-Topos mit realem Material: Ein Boxring, dessen Seile aus Stacheldraht gefertigt sein sollten, echtem natürlich. Den historischen Ausgangspunkt, den 1. Weltkrieg, ernstnehmen und das Spiel gegeneinander – deshalb das Boxen. Wir trafen uns zwei Tage vor Probenbeginn, um ein letztes Mal über die Ausstattung zu sprechen. Es war natürlich auch ein Gespräch über die Spielweise, die sich aus dem Bühnenbild ergeben sollte. Momme Röhrbein meldete Zweifel an. Die wurden elementar: Ein Boxring erzwingt Realismus, realistische Vorgänge. Man kommt sofort ins Illustrative, versucht den 1. Weltkrieg, Ehekrisen etc. zu illustrieren. Wir verwarfen das Bühnenbild und fanden innerhalb kurzer Zeit einen neuen Raum. Einen Steg, an dessen einem Ende der Chor stand/saß und an dessen anderem Ende mit einem

drei Meter hohen Podest ein Ort für einen Kommentar geschaffen wurde. Alles in schwarz gebeiztem Holz – ein Bedeutung verweigerndes Spielpodest, das durch seine Praktikabilität ebenso besticht wie durch seine einfache Schönheit. Ein Raum, der auf die Körper der Schauspieler verweist, ein Raum ohne Verstecke, ein Raum für den Text. Mit dieser Reduktion durch Momme Röhrbein war eine grundsätzliche Entscheidung getroffen, weil dieses Podest auf ein Modell, also auf Welt zielte.

Kostüme

Ähnlich wie beim Raum sollten die Kostüme nicht von den textsprechenden Schauspieler-Körpern ablenken. Sie sollten praktisch sein, Assoziationen ermöglichen, aber nicht zu konkret auf eine Zeit, eine Epoche verweisen. So wurden einfache schwarze Shirts sowohl für den Chor als auch für die Spieler gekauft, schwarze Hosen. Im Fundus fanden sich Mäntel, die sowohl an Militär als auch an Trenchcoats erinnerten.

Ideologie

Natürlich haben Momme Röhrbein und ich sowohl in unseren Vorgesprächen wie auch in den Gesprächen mit dem Dramaturgen Alexander Leiffheidt immer wieder über die Aktualität von *Fatzer*

gesprochen bzw. darüber nachgedacht, wie wir einen Rahmen für gegenwärtige Fragen/Probleme schaffen. Wir hatten bis zum Beginn der Probenarbeiten dafür keine schlüssige Idee bzw. verwarfen etwaige Einfälle, weil sie den Blick auf die Wucht des Textes verkleisterten, seine Komplexität verkleinerten. Die Müller interessierende Parallele mit der RAF war längst obsolet, soziale Bewegungen in Deutschland, an die man *Fatzer* hätte anbinden können, in der bleiernen Zeit eines gut funktionierenden Neoliberalismus trotz Finanzkrise selbst seismographisch nicht ermittelbar.

Text/Körper

Die Proben begannen mit ausgedehnten Leseproben. Es ging darum Klarheit zu schaffen, was die Sätze bedeuten, welche konkrete Haltung in einer konkreten Situation ihnen zugrunde liegen könnte. Differenzierende psychologische Deutungsversuche wurden abgeschnitten. Es ging um simple, klare Grundhaltungen. Wenn es Eifersucht gab, gab es Eifersucht, bei Hass Hass – Liebe gab es nie. Stattdessen laut und leise, schnell und langsam; aber vor allem ging es darum, mit einer klaren Haltung den Text zu präsentieren.

Nach etwa einer Woche gab es eine grundsätzliche Klarheit über die Haltungen. Das war der Moment, mit den szenischen Proben

zu beginnen. Der Raum bzw. die Hauptspielfläche, der Steg, erforderte einfache, klare, erzählende Arrangements. Wir suchten nach einem Verhältnis zwischen Erzählung, Körper und Sprache. Wir überlegten, welcher Vorgang zwischen den Figuren zeigenswert ist, welcher sich erübrigt, Aber im Mittelpunkt stand, wie der Vorgang aussieht.

Es ergab sich in den Proben ein permanentes Reduzieren. Mit äußerster Spannung der Körper der Schauspieler wurden erzählende Arrangements zwischen den Schauspielern gebaut, die Sprache ermöglichten und zugleich notwendig machten. Trennung von Geste und Sprache. So wurde jede Geste wichtig. Dadurch entstanden gezielte Energieflüsse, die das Existentielle des Textes betonten. Es gab eine bewusste Abschottung vom Publikum, aber auch bewusstes Spiel mit ihm.

Die energetisch aufgeladenen Körper verbrannten die Ideologie, verbrannten die Frage nach Aktualität, weil das gegenwärtige Spiel der Schauspieler existentiell wurde. Jede Bewegung, jeder Halbsatz wurde wichtig.

Dabei stellte sich heraus, dass der beschriebene Vorgang oft besser war als der illustrierte. Aber auch das Zitat, bzw. der zitierte Schlag und die Reaktion darauf, hatten eine größere Wirkung, als es ein Theaterfaustschlag hätte haben können. Die durch Film geschulten

Wahrnehmungsweisen füllten das Reduzierte/das Fragmentarische mit eigenen Bildern, schafften Assoziationsräume. Wenn der Beischlaf angekündigt ist und das Licht ausgeht, füllt die individuelle Vorstellung die Dunkelheit mit eigenen Bildern. Die Sinnlichkeit ging von der Sprache der Körper aus, vom angespannten Muskel, der Konzentration. Diese Konzentration schaffte den Raum für die Sprache, die von dem Vertrauen in deren Musikalität getragen wurde. Der Fatzer-Vers diente als Rahmen, um frei mit der Sprache zu tanzen.

Gegen Psychologie, aber für genaue Figuren-Haltungen. Schnelle, klare Brüche, in der Sprache und in den Körpern. Kurze, knappe Szenen, reduziert auf das Wesentliche – die Sprache der Körper, die die Brechtschen Texte fast von selbst mitproduzierten. Uns interessierte, was Müller an Kafka schätzte: Gesten ohne Bezugssystem, die dadurch „klassisch", also zitierbar werden. Goyas *Pinturas Negras* waren uns näher als der Film *Im Westen nichts Neues.*

Jeder aktuelle Rahmen hätte den Blick auf die Geschichte, die antike, tragische Struktur vernebelt. Das deutsche Wohnzimmer produziert bei großen Texten keine Aktualität, sondern verhindert den Blick auf sie, während der Abstraktionsgrad, die scheinbare Ferne, die Texte nahebringt. Das alles war kein geplanter Prozess,

sondern ein Einlassen auf das Material: das Material der Sprache, des Raums, die Körper der Schauspieler, den Körper des Chors. Nach drei Wochen kam Momme Röhrbein, der für meine Arbeiten wichtigste Partner zu einem Durchlauf. Die Frage des aktuellen Rahmens war noch nicht vom Tisch. Aber Röhrbein beschrieb sehr präzise, dass der nicht mehr notwendig war, weil sich individuell ein anderer Film abspielte, obwohl man das Stück in seiner probenbedingten Unfertigkeit sah. Plötzlich hatte sich das Kunstwerk „an sich" hergestellt, eine sprechende Plastik, deren Kraft von Körpern, Gesten, Sprache eine eigene Welt schuf, die keiner Vermittlung mehr bedurfte.

P 14

FLEISCH – ich bin ich, du bist du und es geht schlecht

Spieler/innen Immanuel Ayx, Yannick Fischer, Friederike Hirz, Sten Jackolis, Anna Krell, Anna Matz
Regie Lisa Brüning
P14-Leitung Vanessa Unzalu-Troya
Aufführungsfotos Dave Großmann
Premiere 21. Januar 2012, Volksbühne Berlin, 3. Stock

I
AM

FLEISCH – ich bin ich, du bist du und es geht schlecht

Lisa Brüning

Im Januar 2012 widmete sich die Volksbühne Berlin mit der Veranstaltung *Scheiß auf die Ordnung der Welt* dem Material aus Brechts *Fatzer*-Fragment. Das Jugendtheater P14 der Volksbühne beteiligte sich daran in Form einer Trilogie.

Für diese Trilogie gab es einen öffentlichen Aufruf von P14. Es konnte mitspielen, wer wollte. Konkrete Bewerbungsvoraussetzungen gab es nicht. Die Interessierten entschieden sich an einem ersten Konzeptionstreffen für eines von drei Projekten mit jeweils einem thematischen Leitfaden für die Bearbeitung des *Fatzer*-Materials. Sechs SchülerInnen und StudentInnen im Alter von 22–25 Jahren entschieden sich für den Aspekt Egoismus/Individualismus als thematischen Ausgangspunkt. Diese SpielerInnen bildeten unser Ensemble und erarbeiteten neben dem Politik- oder Musikstudium, der Schneiderausbildung, der Berufsschule, dem Vorsprechen an Schauspielschulen in einer dreimonatigen Probenarbeit die Inszenierung *FLEISCH – ich bin ich, du bist du und es geht schlecht.*

Das Konfrontieren mit Fremdtexten und die Anwendung solcher Stoffvorlagen auf das eigene Leben der an der Produktion Beteiligten ist eines meiner Hauptinteressen in der theaterpädagogischen Arbeit. Aus diesem Grund ist für mich eine enge konzeptionelle Zusammenarbeit mit den SpielerInnen unverzichtbar. Die Fassung des Stückes erarbeiten wir beispielsweise von Probe zu Probe gemeinsam. Zu Beginn der Probenarbeit lasse ich die SpielerInnen den Originaltext konkret daraufhin überprüfen, wo sie eine Nähe oder Abneigung zu Textstellen, Themen und Figuren herstellen können. Durch das Abgleichen des thematisch und formal Fremden des Textes mit dem Eigenen der SpielerInnen, durch das Herausarbeiten von Themen der Stoffvorlage und autobiografischen Themen, die sich teilweise überschneiden oder sich kontrastieren, entsteht oftmals ein Spannungsfeld. Angeregt von Stückzitaten produzieren die SpielerInnen während der Proben autobiografisches Textmaterial, das anschließend so mit dem Fremdtext der

Stoffvorlage verschränkt und verspielt wird, dass der Unterschied zwischen beidem kaum mehr erkennbar ist.

Wir nahmen uns Heiner Müllers Fassung von *Der Untergang des Egoisten Johann Fatzer*[1] als Materiallager für diese Produktion. Die Müller-Fassung behandelten wir dabei wie ein Fragment, verwendeten also einzelne Teile daraus und setzten diese mit den autobiografischen Einsprengselungen der SpielerInnen neu zusammen, ohne Müllers Fassung im Sinne einer Ordnung zu beachten.

Die SpielerInnen, die zum großen Teil weder etwas von dem *Fatzer*-Fragment Brechts noch von der Müller-Fassung gehört hatten, wählten beim ersten Lesen der Müller-Fassung die Zitate, Bilder und Situationen aus, die sie persönlich interessant fanden und thematisch für relevant erachteten. Daraus entstand eine erste Auswahl aus der Stoffvorlage, die zunächst ohne dramaturgische Konsequenz war. Dominierend in den Textstellen, die die SpielerInnen auswählten, war jedoch nicht das Ausgangsthema Egoismus/Individualismus, sondern das Thema Krieg. Das führte uns zu der Ausgangsfrage, von welchem Krieg die Generation der heute Zwanzigjährigen gleichaltrigen Zuschauern des Jugendtheaters P14 in einem gentrifizierten Stadtbezirk wie Berlin-Mitte erzählen könnte. Das bewaffnete, körperliche Kämpfen, um einem Krieg zu dienen, von dem Brecht seine Figuren berichten lässt, stellte für uns zunächst etwas Fremdes dar, mit dem wir zu spielen begannen. Zunächst machten wir den Versuch, uns durch formalisierte Bewegungsabläufe wie beispielsweise stilisiertes Marschieren physisch dem Krieg zu nähern, von dem im *Fatzer*-Fragment die Rede ist.

> Seit vier Jahren liegend
> Im Lehm der Schießstände und Schützengräben, hüpfend
> Vor dem Geschoßeinschlag, dauernd suchend
> Deckung – nachdenkend seit
> Zwei Jahren über meine Lage und Verwendung, suche ich
> Eine Art, mir selber zu zeigen, was mit mir ist.[2]

Es war ein Wunsch der SpielerInnen, körperlich umzusetzen, was der Text sagt, um den Versuch des Begreifens, den auch die Fatzerfigur macht, im Spiel auf die Spitze zu treiben. Mit den ausgewählten Textstellen der SpielerInnen versuchten wir daher, über Langzeitimprovisationen stark bildliche, körperliche Übersetzungen

1 Bertolt Brecht: *Der Untergang des Egoisten Johann Fatzer.* Bühnenfassung von Heiner Müller. Berlin: Suhrkamp 1994.

2 Ebd., S. 22–23.

des *Fatzer*-Textes sowie des Krieges zu finden. SpielerInnen lasen einzeln wieder und wieder Textstellen vor, die ihnen beim ersten Lesen aufgefallen waren, während alle anderen Bewegungen, Sounds und Atmosphären im Raum zu diesen Fragmenten assoziierten und diese unmittelbar auf der Bühne umsetzten. Dadurch entstand ein Bewegungskatalog von militärischen Anordnungen. Die SpielerInnen sprachen den Text robbend, marschierend, übersetzten die Linien und Punkte, von denen Johann Fatzer spricht, in konkrete Bilder im Raum.

> Das bin ich und hier ist gegen mich
> Unabsehbar eine Linie, das sind Soldaten wie ich, aber mein Feind.[3]

Diese Linie entstand beispielsweise dadurch, dass sich alle auf einen gemeinsamen Impuls hin fallen ließen und zu einer am Boden liegenden Reihe von Soldaten wurden, die sich nacheinander mit dem eigenen Vornamen vorstellten.

Aus solch improvisierten Vorgängen entstand die Idee für eine interessante Verschränkung: Dadurch, dass ein junger Spieler in Armeejacke sich in der Improvisation als Soldat vorstellte, aber

3 Ebd., S. 24.

dafür seinen eigenen Vornamen benutzte, (STEN: „Guten Abend, ich bin Sten und das hier neben mir ist die Fe."), bezogen wir fortan das Soldat-Sein mehr auf die SpielerInnen persönlich als auf die Figuren im *Fatzer*-Text.

Die ausprobierten, mit Krieg assoziierten Rhythmiken wie Marschieren im Gleichschritt sowie abrupte, schnelle Richtungswechsel übernahmen wir partiell für choreographierte Bewegungschöre in die Inszenierung. Dies verschaffte uns einen Zugang zu der Grundstimmung des Textes. Nachdem wir äußerliche Assoziationen zum Krieg ausprobiert hatten, stellte sich aber mit Blick auf die Figur Fatzer heraus, dass dieser Krieg auch ein innerlicher sein könnte. Das permanente Ringen mit dem eigenen Leben der Fatzerfigur empfand das Ensemble als den eigentlichen Kriegszustand im *Fatzer*-Fragment. Deshalb sollte unser Bezug zum Krieg ein anderer sein, als das Erzählen vom Ersten Weltkrieg, über dessen Auswirkungen die Figuren in Brechts Original sprechen.

> Die sind in Ordnung, aber ich
> Bin in Unordnung.[4]

Stärker als der Krieg, aus dem Johann Fatzer und seine befreundeten Soldaten im Original desertieren, erschien uns zunehmend der Umstand, dass es für Fatzer die Anderen gibt: im eigenen Freundeskreis, in der Welt, die ihn umgibt, im Warten auf eine Revolution. Fatzer sieht sich zu den Anderen, die in Ordnung sind, die bei Brecht Massenmenschen[5] heißen, die funktionieren können und wollen, offenbar als abgetrennte Einheit, der diese Ordnung fehlt.

Bindeglieder zwischen der Fatzerfigur und der Generation der SpielerInnen waren: die Sehnsucht nach Abgrenzung von dem, was Massenmensch bedeuten könnte, einerseits und andererseits der Kampf mit der Notwendigkeit der Anpassung, um überhaupt gehört zu werden. Die Entscheidung, diesen Schwebezustand als Kriegszustand zu verstehen, war der Ausgangspunkt unseres weiteren Umgangs mit *Fatzer*.

Jede/r SpielerIn produzierte während der Probenzeit einen eigenen Monolog, der einen alltäglichen Kriegszustand beschrieb. Dabei interessierte mich weniger das Autobiografische der SpielerInnen, sondern die Nutzung des Kriegsvokabulars aus *Fatzer* für die Beschreibung unserer alltäglichen Kämpfe in der heutigen Zeit.

4 Brecht / Müller: *Der Untergang des Egoisten Johann Fatzer*, S. 85.

5 Vgl. ebd., „Zweite Rede vom Massenmenschen", S. 73.

Den SpielerInnen war selbst überlassen, wie viel Zitate oder Worte sie aus dem Original benutzen, um einen Krieg zu erzählen, den sie selbst führen oder einmal geführt haben. Wichtig war nur das Schreiben in der Ich-Perspektive, da die Texte der SpielerInnen mit dem Originaltext der Fatzerfigur in Verbindung gebracht werden sollten.

Parallel dazu begannen wir, konkrete Situationen aus dem *Fatzer*-Fragment zu proben. Durch das Spielen und Sprechen der Originaltexte wurde sichtbar, dass Situationen wie Fatzers Versuch,

Fleisch zu besorgen,[6] in einer Zeit, wo alle der Hunger quält, zwar die Originalgeschichte vorantreiben, aber thematisch nur schwer ins Heute zu übertragen waren.
Da ein inhaltlicher Fokus in den ausgewählten Fragmenten neben der Kriegsthematik auf der Unvereinbarkeit von Masse und Individuum lag, machten wir für alle Szenen zum Spielprinzip, dass sich alle SpielerInnen immer auf der Bühne befinden. Es gab keine konstante Besetzung, keine Figuren, abgesehen von Johann Fatzer, der im ständigen Wechsel immer von einer/einem anderen SpielerIn gespielt wurde. Alle anderen spielten beispielsweise Fatzers befreundete Soldaten, die mit stilisierten Gesichtern zusehen, wenn der Fatzer-Darsteller dieser Szene von einem unsichtbaren Gegenüber niedergeschlagen wird.[7] Wenn sie nicht Fatzers Kameraden darstellten, spielten die anderen in überhöhten Bebilderungen die Massenmenschen. Dies geschah zum Beispiel, in dem die SpielerInnen als Chor in stark stilisierten Haltungen das Alphabet aufsagten und dabei die einzelnen Buchstaben mit ihren Körpern formten, während einer von ihnen als Fatzer im Alphabet stehend den Originaltext sprach.

> Und das, was euch nichts
> Ausmacht: daß der Regen
> Von oben nach unten fällt
> Das ist mir
> Ganz unerträglich. Daß im
> Alphabet
> Nach A B kommt und nichts
> Sonst.[8]

Momente wie der Alphabetchor, die den Text in seiner Bildhaftigkeit wörtlich nehmen, wechselten sich in der Inszenierung mit einigen die Geschichte skizzierenden Situationen aus dem Original sowie den persönlichen Kriegstexten der SpielerInnen ab.
Alle von uns ausgewählten Situationen aus dem Original probierten wir in jeder möglichen Besetzung aus. Danach entschieden wir gemeinsam, wer in welcher Situation den Fatzer spielt. Kriterium für die Entscheidung war die größtmögliche Anbindung des selbstgeschriebenen Monologs an die entsprechenden Eigenschaften der Fatzerfigur in der jeweiligen Szene.

6 Brecht / Müller: *Der Untergang des Egoisten Johann Fatzer*, S. 27–34.
7 Ebd., S. 39.
8 Ebd., S. 97.

Wir entwickelten in der weiteren Probenzeit vor allem ein großes Interesse an jenen Fragmenten, aus denen sich Doppeldeutigkeiten ergaben, wie beispielsweise der verzweifelte Versuch Fatzers, ein System wie den Krieg zu durchschauen, und der Versuch einiger SpielerInnen, die Mechanismen ihrer Generation ergründen zu wollen. Wir verstanden das Nicht-Verstanden-Werden-Wollen der Fatzerfigur als pubertär: das Gehört-Werden-Wollen, das Kämpfen, irgendjemand sein zu wollen, nahmen wir in unsere Konzeption auf.

> Mir scheint, ich bin vorläufig
> Aber was
> Läuft nach?
> Daß ihr mich versteht,
> Das verbiet ich.[9]

Eine Spielerin beschrieb eine Berliner Technoparty als Krieg und formulierte die Fiktion, den Rest ihres Lebens in einer Großraumdiskothek eingesperrt zu sein. Ein anderer Spieler beschrieb als Kampf, dass sein Vater nicht aus seinem Kopf zu kriegen sei, er ihn

9 Ebd., S. 54.

I
AM

nicht vergessen könne, immer noch nach ihm handele, obwohl ihm dieser nie sagen konnte, dass er ihn liebe. Wiederum eine andere Spielerin schrieb einen Monolog über einen Krieg, den sie der Weiblichkeit ihres eigenen Körpers ansagte. Der thematische Ausgangspunkt war in diesem Fall die Angst, nach einer gewaltsamen Begegnung mit einem Mann, die sie in ihrem Alltag erlebt hatte, vor die Tür zu gehen. Sie nutzte für ihren Monolog Ausschnitte aus den abwertenden Beschreibungen, die Brecht Fatzer in den Mund legt, als er jenem Soldaten hinterher trottet, von dem er sich Fleisch besorgen will.

> Freilich, das kriecht
> Noch mit zermalmter Kniescheib
> Auf ein behaartes Loch zu. So lang
> Sie das noch haben, ist
> Ihnen alles recht.[10]

Mit diesem Text sprach die Spielerin als Fatzer die anderen sowohl als Soldaten an als auch als Passanten, die sie an jenen Mann aus ihrer Geschichte erinnerten, der ihr Gewalt angetan hatte. Die Verschränkung der Zitate Brechts mit den Geschichten der SpielerInnen geschah derart, dass autobiografische Momente nicht klar zu erkennen waren, die SpielerInnen den Text aber auch nicht eindeutig als Figur sprachen.

Mehr und mehr haben wir die sehr persönlichen Texte der SpielerInnen dem Vokabular des Originaltextes angeglichen und sie so verfremdet. In der Inszenierung spielten wir Situationen aus dem Fragment mit Originaltext an, der im Laufe der Szene in die Monologe der SpielerInnen überging. So wurde die angespielte Situation, in der sich Fatzer vor den Kameraden rechtfertigen muss, warum er nicht gekommen sei, als er ihnen Fleisch bringen sollte, Ausgangspunkt für den Monolog einer jungen Frau, die es als Zwang empfindet, sich permanent zu entschuldigen.

> Wir
> sahen dich umfallen und wollten
> Hinzulaufen, da dachte ich
> Was wir beschlossen hatten, und
> Hielten uns zurück aus Klugheit! War das
> Nicht klug?[11]
>
> – Doch, doch, das war klug. Ihr seid klug und ich bin's nicht. Entschuldigung.
> [...]

10 Brecht / Müller: *Der Untergang des Egoisten Johann Fatzer*, S. 29.
11 Ebd., S. 57.

In einer Szene mit aggressivem, kollektivem Techno-Tanzen hält eine andere Spielerin ihren Monolog. Sobald ein Stroboskoplicht erlischt, reflektieren alle über den Krieg, der eben noch eine Party war, mit dem Text, den Brecht seine Figuren über die Auswirkungen des Ersten Weltkriegs sprechen lässt.

> Das Volk ist dumm! Da kann der Krieg
> Nie aufhören.[12]

Wir bedienten uns nicht nur der Texte Fatzers, sondern auch jener der Figur Koch, die sich ein Spieler für seinen Monolog wählte, der von der Angst erzählte, bald nichts Ernsthaftes mehr in einem Umfeld sagen zu können, das ihn zu Gesprächen über post-strukturalistische Cafés in Neukölln zwinge.

> Macht das
> Nicht mit mir, ihr, daß ihr
> Redet und es bedeutet nichts.[13]

Wir fragten uns, ob wir diesen Text auf die „Massenmenschen" des heutigen Berlins beziehen könnten, die von Yoga, Open-Art-Spaces und Entschleunigungsapps erzählen und zu denen die an der Produktion Beteiligten in gewissen Maßen gehören und sich gleichermaßen von ihnen distanzieren wollen.

Skizzierte Gesprächsfetzen aus Berliner Cafés, die einzelne SpielerInnen im Chor der Massenmenschen in stark stilisierten Haltungen sprachen, verschränkten wir mit chorisch gebrüllten Sätzen aus dem Original, die in ihrer Vereinzelung parolenhaft wirkten. Wir haben die Originaltexte sowohl situativ zwischen Fatzer und einem Gegenüber als auch zwischen Fatzer und Chor aufgeteilt. Dann wieder fällt ein einzelner aus diesem Chor heraus, der als Fatzer seine eigenen Fragen kommentiert oder weiterführt.

> Was ist das? […]
>
> – das ist die
> Burschoasie!

Ausrufe wie „Nein, ich bin nicht die Masse, nein" verbalisierten Sehnsüchte nach Umsturz und einem anderen Leben, die in unserer Arbeit wie im *Fatzer*-Fragment lediglich absichtsvolle Formulierung blieben.

12 Brecht / Müller: *Der Untergang des Egoisten Johann Fatzer*, S. 30–31.
13 Ebd., S. 99.

Auch im Kostümbild – das wir gemeinsam im Ensemble entwarfen – interessierte uns die Verschränkung der kämpfenden Soldaten aus Brechts Fragment mit der Generation von heute Zwanzigjährigen. Deren Kämpfe könnten zum Beispiel darin bestehen, sich permanent selbst hervorbringen zu müssen, um sich von anderen zu unterscheiden, ohne aus der Masse herauszufallen. Die SpielerInnen trugen daher uniforme Kostüme, die historische Armeeparker und Stiefel mit weißen Mottoshirts mit der Aufschrift „I AM NOT THE MASSES“ kombinierten.

Wir entschieden uns für einen leeren, weißen Bühnenraum, der durch drei weiße Holzwände und einen weißen Tanzboden ein eng wirkendes Zimmer eingrenzte. Dieser leere Raum unterstützte die von uns gewählte Spielform, in der die SpielerInnen vor allem auf ihre Körperlichkeit zurückgeworfen waren, und spitzte diese noch zu. Ein zuckender Pulk der Körper entstand zum Beispiel, in dem die SpielerInnen so lange durcheinander krabbelten, bis sie zu einem Haufen zusammenfielen, während sie mit Originaltext über die Undurchschaubarkeit des Krieges reflektierten.

> Wohin vorwärts?
> Rechts ist alles rot
> Und im Rücken brennt auch alles
> Und vorn ist es still
> Was am schlimmsten ist.[14]

An der Decke hingen sechs Leuchtstoffröhren, die den Raum beklemmend steril erscheinen ließen. Ein weißes Klavier, an dem ein Spieler als Fatzer die Hymne über „die Anderen" der Band Tocotronic spielte (*Sie wollen uns erzählen*), sowie sechs Mikrofone befanden sich in diesem Raum.

Auch im Lichtkonzept spielten wir durch die Leere des Raumes und die Undurchschaubarkeit mehrerer minutenlanger Stroboskopeinsätze mit dem Verlorensein, das wir mit den Figuren aus dem *Fatzer*-Fragment assoziierten.

14 Brecht / Müller: *Der Untergang des Egoisten Johann Fatzer*, S. 25–26.

Ein anderes rahmendes Element in der Inszenierung war das Darstellen von Tieren.

> Da sich diese vier
> Selbst gedrängt haben aus
> Ihrer ganzen Umwelt und sich stellten
> Unter einen neuen tierischen Aspekt[15]

In den Improvisationen zu dieser Textstelle entwickelte jede/r SpielerIn ein Tier, das er/sie zu Beginn und zum Ende der Inszenierung spielte. Wir entschieden uns für überhöhte Darstellungen eines Reihers, eines Eichhörnchens, einer Raupe, eines Singvogels und eines Spechtes. Zu Beginn der Inszenierung traten die SpielerInnen in Armeejacken nacheinander in ihrer tierischen Körperlichkeit auf. Als Tiere bekämpften sie sich, penetrierten sich, klauten sich gegenseitig das Fressen, wurden gleichzeitig erschossen und fielen auf einen gemeinsamen Impuls hin zu einer geordneten Reihe zu Boden. Dann begannen sie, den Originaltext zu sprechen, und spielten fortan Soldaten.

Das tierische Verhalten, von dem im Text gesprochen wird, bezogen wir in der Anfangsszene zum Beispiel spielerisch auf eine Konkurrenzsituation. Dies geschah, in dem ein Spieler als Singvogel schrill das Kinderlied *Fuchs, du hast die Gans gestohlen* sang, woraufhin alle anderen SpielerInnen kurz von ihrer tierischen Körperlichkeit in die private wechselten und mit resignierten Blicken signalisierten, dass ihnen jener Singvogel im Spielen der Tiere die Show gestohlen habe. In einer anderen Szene verschränkten wir einen wissenschaftlichen Fremdtext über Forschungen zu einem Faultier und dessen Langsamkeit mit dem schnellen, unkontrollierten Spiel der Tiere. Auch hier wurde eine menschliche Sehnsucht nach Langsamkeit, die auch der Chor der Massenmenschen im Reden über Entschleunigungsapps thematisiert, mit einem sentimentalen Blick auf das Faultier in ironisierter Haltung verhandelt. Am Schluss der Inszenierung wurden die Soldaten zu Tieren, die im Chor die Vorausdeutung des Toten im Zimmer aussprachen und den Originaltext auf sechs Tote anstatt auf einen bezogen.

> Und was immer ihr sehen werdet,
> Am Schluß werdet ihr sehen, was wir sahn:
> Unordnung. Und ein Zimmer,[16]
> das vollkommen leer ist und darin sechs Tote,

15 Ebd., S. 43.

16 Ebd., S. 41.

1020 Pfund kaltes Fleisch,
24 Eimer Wasser,
sechs Beutel voll Satz.[17]

Durch den Versuch, die bildhafte Sprache der Fatzerfigur wörtlich zu nehmen und auf eine körperliche Darstellbarkeit zu überprüfen, entstanden sehr konkrete, fast plakative Bilder wie der Alphabetchor sowie stark abstrahierte Bezüge wie die Tiere.
Der Prozess des Ringens der SpielerInnen mit dem Begreifen des *Fatzer*-Textes wurde auch in der Überforderung mit einer körperlichen Darstellbarkeit des Textes sichtbar. Dies war formal ein genauso wesentlicher Aspekt wie das Ringen der SpielerInnen mit Themen aus dem eigenen Leben, die wir durch die Kriegsmonologe zum thematischen Hauptgegenstand machten.
Ziel unseres Umgangs mit dem *Fatzer*-Material war, die alltäglichen Kämpfe einer Generation von heute Zwanzigjährigen so mit den Kämpfen der Fatzerfigur zu verschränken, dass ein Jugendtheater entsteht, das nicht nur von sich selbst erzählt, aber von sich ausgeht.

17 Brecht / Müller: *Der Untergang des Egoisten Johann Fatzer*, S. 111.

Open Call

Katrin Hylla

You can wash all that shit away

Von und mit Katrin Hylla
Technische Leitung Melchior B. Tacet
Künstlerische Beratung Serena Schranz
Aufführungsfotos Björn Stork, Marija Skara
Uraufführung 21. Juli 2013, Ringlokschuppen Ruhr

You can wash all that shit away

Katrin Hylla

Vorwäsche

Die Ausschreibung zu den Dritten Mülheimer Fatzer Tagen stellte das Verhältnis des Einzelnen und der Gemeinschaft in den Mittelpunkt. Gemeinschaft kann und konnte ich leider nicht anbieten, aber als Einzelne war ich da. Als angehende Theaterschaffende, ausgebildet an einer der „Brutstätten der deutschen Theateravantgarde", da, wo „die coolen Künstlerkollektive herkommen",[1] beschäftigt mich der Gedanke des Kollektivs und vor allem, warum ich nicht Teil eines dieser ‚coolen' Kollektive geworden bin. Woran ist dieses Vorhaben gescheitert?

Meine eigene, sicherlich romantisierende[2] Vorstellung von einer Gruppe, die mehr als eine glückliche Zusammenstellung von Kompetenzen bedeutet, die ästhetischer, sozialer und gesellschaftlicher Gegenentwurf sein will, wird in Brechts *Fatzer*-Fragment desillusioniert. Trotz des Entschlusses zu desertieren reicht dieses gemeinsame Band des Nein-Sagens als Basis nicht. Die Schwierigkeiten liegen nicht alleine an individuellen Bedürfnissen der Einzelnen, dem asozialen Gebärden, dem sogenannten Egoismus, dem ‚Sich-nicht-unterordnen-Können' unter die Prioritäten der Gruppe. Es liegen Stolpersteine im System, in dem man sich bewegt. Das gilt für uns heute ebenso wie für Fatzer und die anderen Deserteure: Inwiefern ist es möglich, innerhalb eines bestimmten Systems eine neue, andere Ordnung, nämlich die innerhalb eines Kollektivs entworfene, zu bewahren und zu etablieren? Wie soll das Richtige im Falschen existieren und: Was wäre denn das Richtige?

Besteht die Sehnsucht, Teil eines Gefüges zu werden, einerseits aus dem Wunsch, individualistisches Einzelkämpferdasein hinter sich zu lassen, scheint es zugleich eine Notwendigkeit, wenn nicht gar einen Zwang zum Kollektiv zu geben, nämlich den *der* zeitgenössisch Erfolg versprechenden Arbeitsformation im Theater: Das Kollektiv oder wenigstens die Illusion des Kollektivs zu

1 Das ist eine nicht seltene Reaktion auf die Frage nach meinem Studiengang (Angewandte Theaterwissenschaft in Gießen).

2 Lasst uns zusammen wohnen, leben, arbeiten! Lasst uns zusammenbleiben!

repräsentieren. „Bildet Kollektive!"[3] So lautet der kulturpolitische Imperativ und ruft zum Zusammenschluss, zur Bündelung aller Kräfte auf. Im Verein sind wir stärker, gemeinsam schaffen wir größere Netzwerke, gemeinsam können wir die Arbeit teilen. Will der oder die Künstler_in mit politischem Anspruch nicht als den alten, hierarchischen Strukturen verhaftet gelten, sucht sie sich ein Kollektiv – der Gegenentwurf dazu wären festgelegte Funktionen und Aufgabenbereiche wie die des Regisseurs, des Schauspielers oder Darstellers, des Dramaturgen etc. Der Mythos der Künstlergemeinschaft, die bestimmte Werte und Regeln, Ideale und Ansprüche vertritt oder zu vertreten sich zum Ziel genommen hat und die gleichzeitig ökonomischen Notwendigkeiten unterliegt bzw. der Verfangenheit in persönlich gesetzten Prioritäten – derartige Zusammenschlüsse bergen Widersprüche in sich: Zwischen Gemeinschaft-werden-wollen und -nicht-können und Gemeinschaft-werden-müssen und -nicht-wollen bewegt sich die Performance *You can wash all that shit away*, die wir/ich zu den Fatzer Tagen in Mülheim erarbeitet habe/n. Sie versucht die Denkbewegung von einer (von mir) romantisierten Vorstellung des Künstlerkollektivs über seine Desillusionierung und Entmystifizierung zu einem emanzipierten Neuanfang.

Hauptwäsche: Ohne uns geht nichts

Gezeichnet vom Bewusstsein der Minorität stellt ein Künstlerkollektiv sich als politische Formierung und Neuerfindung von Arbeits- und Lebenszusammenhängen dar. Das ist ein hehres Ziel und immer noch ein Verkaufsschlager. Es entstehen Ensembles, Kompanien, Kollektive, die mehr als die Summe ihrer Einzelteile sein wollen: Sie führen sich im Programmheft nur durch Kommata getrennt auf, sie verbeugen sich auf der Bühne als eine Gruppe und zugegebenermaßen ist das irgendwie rührend. Da haben es Leute geschafft, tatsächlich, trotz allem, etwas zusammen zu machen, bis zum Schluss gemeinsam durchzuhalten. Wow.

Im Kollektiv wird geprobt und konzipiert, in Arbeitsteilung oder basisdemokratischen Gebilden, die sich eigens für einzelne Projekte zusammenfinden oder als Gruppe bereits über einen längeren Zeitraum zusammenarbeiten, Gruppen die oft dem universitären Rahmen entwachsen sind.

3 http://www.taz.de/1/archiv/digitaz/artikel/?ressort=ku&dig=2011%2F11%2F02%2Fa0106&cHash=312e4cd3ad (Zugriff am 02.11.2011).

Per se ist das Kollektiv von einem politischen Anspruch niemals getrennt zu sehen. Ich schreibe in meiner Verblendung dem Künstlerkollektiv im Unterschied zu herkömmlichen Interessensgemeinschaften natürlich viel mehr zu als gemeinsame Interessen oder angedachte Projekte: Hier hat eine beinahe mystische Synthese aus Kunst und Leben stattgefunden.

> Wir sind das Kollektiv. Uns haut nichts um. Wir gleichen die Schwächen des einzelnen aus, mit einem Spachtel. Ohne uns geht nichts. Ohne uns bist du mutterseelenallein. Ein armes Würstchen. Ein Solist. Ein Individualist. Ein Asozialer.[4]

Die Zugehörigkeit zu einer solch starken Truppe verspricht eine vorübergehende Sicherheit in der freien Theaterszene.[5] Gleichzeitig ist dieses Kollektiv überwiegend eine Bedrohung, schließt es doch jegliche Alternative aus. Demjenigen, der sich nicht in einer solchen Konstellation befindet, winkt keine Alternative als die des Außenstehenden, des reaktionären Solisten. Gemeinschaft bringt also auch immer den Ausschluss bzw. ‚arme Würstchen' mit sich. Die Grundlagen der starken Truppe sind aber nicht rein ideeller Natur: „Zur Durchführung der Aufgaben des heutigen Lebens reicht die

4 Aus dem Manifest der Gruppe Satellit, gegründet am 21.07.2013 in Mülheim an der Ruhr während der Performance *You can wash all that shit away*.

5 Ich möchte an dieser Stelle an eine Kommilitonin erinnern, die nach ihrem ersten Studienjahr in Gießen sagte: „Mein Gott, wenn ich jetzt immer noch kein Kollektiv habe, wie soll ich denn überleben auf dem Kunstmarkt? Alleine? Das zieht doch nicht mehr!"

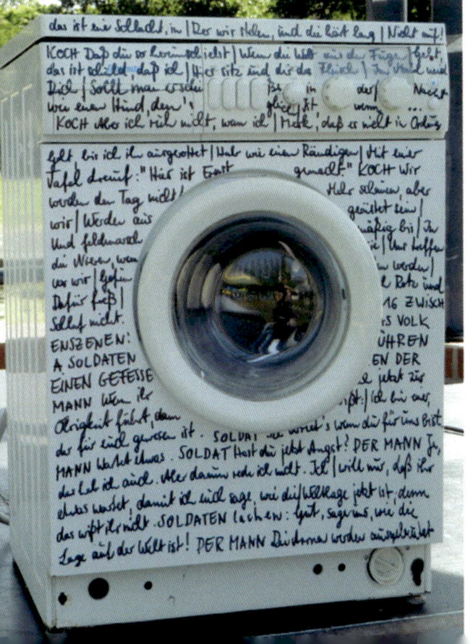

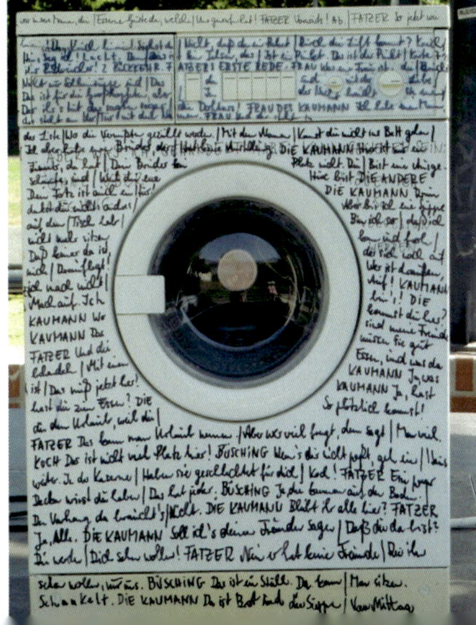

Initiative des Einzelnen nicht mehr aus. Kollektive Zusammenarbeit ist praktisch notwendig. In der Organisierung schöpferischer Tätigkeiten werden Aufgaben für alle ermöglicht und die Arbeitskraft des Einzelnen gesteigert."[6]

Dieses Zitat aus den Manifesten der *Konstruktivistischen Internationale schöpferischer Arbeitskraft* von Theo von Doesburg, El Lissitzky, Hans Richter u. a. bekräftigt hier meinen Eindruck, dass das Künstlerkollektiv als ausgehöhlter Mythos fungiert. Von außen: politische Formierung mit Tendenzen zur sozialen und ästhetischen Rebellion, und von innen: ökonomisierte Organisation, Steigerung der Arbeitskraft. (Herzlich willkommen in der Kreativwirtschaft!)

Spülen

„Ich habe eure T-Shirts getragen, mit Aufschrift und ohne. Ich habe mir euren Initiationshaarschnitt verpassen lassen. Und trotzdem sind wir nicht gleich. Ja, ich habe manchmal nicht mal Ähnlichkeiten mit euch gefunden."[7] Ich habe es wirklich versucht. Ich wollte ein- und untergehen im Gefüge, Teil einer Bewegung sein. Aber es hat sich mir immer etwas in die Quere gestellt.

6 Florian Rötzer: Soziale Phantasie. In: *Kunstforum International* 116 (1991): Künstlergruppen. Von der Utopie einer kollektiven Kunst, S. 170–185, hier S. 170.

7 Aus *You can wash all that shit away*, Performance am 21.07.2013, Ringlokschuppen Ruhr. Alle im Folgenden nicht separat nachgewiesenen Zitate stammen aus dieser Performance.

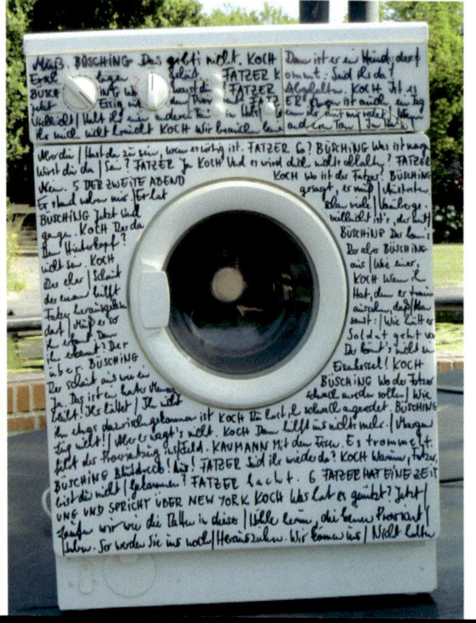

Auch das Ego. Ein Besserwissen, ein Anderswollen, ein Nicht-Mitmachen zu den oder den Bedingungen, ein Sich-überflüssig-Fühlen im Pool der vielen, ein Nicht-gehört-werden, weil die anderen stärker oder lauter oder klüger waren. Ein Trotz. Ein Zorn. Eine Ungeduld. Ein unbestimmbares Sträuben gegen diese Gemeinschaft, in der ich mich in verschiedensten Konstellationen befand oder hätte befinden können. Da ich nun an diesem Konstrukt Kollektiv gescheitert bin, was bleibt mir übrig zu tun? Der Autor ist tot, ja, ich weiß. Aber das Kollektiv gebärdet sich in meinem Fall auch nicht sehr lebendig.

Wenn das Bewusstsein über die Möglichkeiten und Notwendigkeiten der Vielstimmigkeit, das tolle kreative Durcheinander, die flachen Hierarchien, die Verwandtschaft zum historischen Sozialismus besteht und dennoch kein Kollektiv sich bilden mag – was bleibt den vereinzelten Künstler_innen dann übrig zu tun? Scheitert dann das ganze Unterfangen Politik/Theater?

> Ich komme alleine. Ich habe alles alleine ausgedacht. Der Text ist geschrieben von mir, gesprochen von mir. Alles, was es zu sehen gibt, ist von mir und das ist nicht bemitleidenswert, das ist autonom.

Ich habe mich entschieden, es trotzdem zu versuchen. Ein Solo ohne den Stützeffekt des Kollektivs. Aber es fehlt an Kompetenzen und an der viel gepriesenen Polyphonie der Gruppe. Das Prinzip des Kollektivs – so wie ich es theoretisch verstanden habe – bringt eine Vielstimmigkeit mit sich, eine Heterogenität im Material. Aus

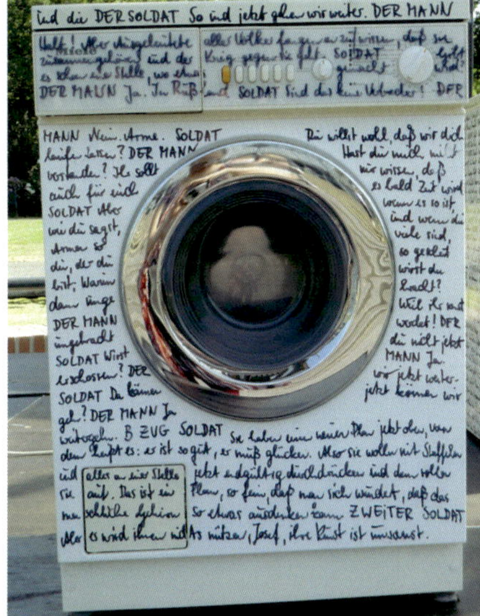

den Diskussionen und Überlegungen der Gruppe kristallisiert sich eine Essenz der gemeinsamen Ansprüche heraus, manchmal, so scheint es, wurde gruppenintern eine nonverbale Ebene gefunden, die für den Außenstehenden kaum noch nachvollziehbar ist, ein ganz spezifisches Vokabular wurde beneidenswerterweise entwickelt. Da reicht ein Blick, ein Händedruck und es ist klar, dass beispielsweise der Scheinwerfer ausgewechselt werden muss. Mangels eines solchen Vokabulars und ästhetischer Essenz musste ich mir ein System suchen, das Beschränkungen mit sich bringt, Schwierigkeiten macht, das Konfliktmaterial bietet. Deshalb muss ich von Anfang an bereits Zweckgemeinschaft bilden. Melchior B. Tacet schrieb mir eine MAX MSP Programmierung, die mir durch algorithmische Zuordnung von Bild- und Tonmaterial eine totale Kontrolle über das Bühnengeschehen verunmöglicht. Zusätzlich suche ich nach Beschränkungen und daraus entstehenden Notwendigkeiten: Eine Waschmaschine bietet eine Dramaturgie an. Vorwäsche, Spülen, Hauptwäsche, Schleudern, Pumpen. Sie ist schwer wie ein Panzer, verfügt über ein zu stopfendes Loch wie eine Kriegsmaschine und kann zum Musikinstrument werden. Eine Waschmaschine ist ein ernstzunehmender Gegner.

Die Bedingungen bestimmen die Ästhetik. Stellt die Theaterarbeit einen Spiegel der Gesellschaft dar, in der und für die Theater gemacht wird, so soll sich in der Performance *You can wash all that shit away* die Weigerung zeigen, sich als Opfer eines Systems zu verhalten. Das hieße aufzugeben, aufgrund des abwesenden Kollektivs kein Theater zu machen. Zum anderen wird ein Scheitern an diesem Versuch des asozialen Solos sichtbar, da die Notwendigkeit, zumindest temporäre Zweckgemeinschaften einzugehen, um beispielsweise eine Waschmaschine zu tragen, für den Ablauf der Performance unerlässlich ist. Teil meines Konzeptes war es von Anfang an, Techniken des Asozialen zu entwickeln. Allein: Ich stehe ganz am Anfang in der Entwicklung solcher meist technischer Kompetenzen und musste mir Hilfe zur Selbsthilfe suchen: Schon hier widerspreche ich mir in meinem selbstauferlegten Autonomieanspruch.

Schleudern: Und wo bleibt der Fatzer?

Das Fragment zum Experiment zerschlagen[8] ist natürlich eine Einladung, die ich als Legitimierung für meine Arbeit verstanden habe. Ich darf mich des *Fatzer*-Materials bedienen. Im Grunde belasse ich den Stoff sowohl in seinen historischen Ausmaßen als auch in der Infragestellung der Konstitution des Subjekts. Ich lasse den *Fatzer* in Ruhe, aber der *Fatzer* lässt mich nicht in Ruhe. Rückblickend auf meine Arbeit ist die Beschäftigung des Fragments mit der Frage nach den Bedingungen der Gruppe, nach Bestand und Verbindlichkeit, die Frage, ob sich ein solches Kollektiv erhalten kann und an welchen Punkten es scheitert. Brechts Text schien mir eine willkommene Bekräftigung meiner Erfahrungen im Kollektiv. Gemeinsam desertieren, Nein zu sagen zu herkömmlichen Arbeitsweisen, die Neuerfindung eines Kollektivs mit allen sie begleitenden Schwierigkeiten: das sind meine Fatzer-Themen. Diese erstrecken sich über die Form der Gemeinschaft sowie deren Basis, die Frage nach Gemeinsamkeit und Ähnlichkeit, Anpassung sogar, aber auch die des Sich-Unterordnens unter demokratisch beschlossene Schritte. Gleichzeitig erfahre ich das Fragment als Desillusionierung der von mir zugegebenermaßen romantisierten Vorstellung des Kollektivs: Die Aporie im Fatzer ist eine, die mir nicht fremd ist. Einerseits steht da die Überzeugung „im Verein sind wir stärker", „Wenn es los geht, müssen wir / Zusammen sein."[9] Und andererseits gibt es diesen berechtigten Widerstand, sich der Mehrheit und ihren Überzeugungen zu beugen. Einerseits möchte ich alles alleine schaffen, andererseits benötige ich von Anfang an die Hilfe anderer, beispielsweise beim Transport von sieben Mülheimer Waschmaschinen.

Das Scheitern des Kollektivs, sein unmöglicher Zusammenhalt und gleichzeitig das Bewusstsein davon, dass es ohne Unterstützung nicht zu schaffen ist, ist auch eine Erkenntnis, die ich im *Fatzer*-Fragment wiederfinde. Dabei geht es weniger um den Konflikt zwischen individuellem Bedürfnis oder künstlerischem Anspruch und gemeinschaftlich getroffenen Entscheidungen, sondern vielmehr um einen Konflikt, der sich in der Tatsache begründet, dass Künstler heute mit einem Bein im Neoliberalismus der Flexibilität

8 Bertolt Brecht, zit. nach Herausgeberkommentar zu Fatzer. In: Ders.: *Werke. Große kommentierte Berliner und Frankfurter Ausgabe*, Bd. 10.2. Berlin / Frankfurt am Main: Aufbau / Suhrkamp 1997, S. 1114–1150, hier S. 1120.

9 Bertolt Brecht: Fatzer. In: Ders.: *Werke. Große kommentierte Berliner und Frankfurter Ausgabe*, Bd. 10.1. Berlin / Frankfurt am Main 1988, S. 387–529, hier S. 409.

und ständigen Verfügbarkeit stehen und andererseits im Verzicht auf Urheberschaft in der kollektiven selbstorganisierten Produktion mit der Verwandtschaft zum historischen Sozialismus liebäugeln. Da driften Realität und das imaginäre Projekt „Kollektiv" auseinander.

Zu welcher Gemeinschaft passt du?

Eigentlich will ich ja ein Kollektiv, andererseits beginne ich mich jetzt gezwungenermaßen davon zu distanzieren:

> Tatsächlich zog ich es allmählich vor, es [das Wort ‚Gemeinschaft'] durch die unschönen Ausdrücke des ‚Zusammen-Seins', des ‚Gemeinsam-Seins' und schließlich des ‚Mit-Seins' zu ersetzen. […] Von mehreren Seiten her sah ich von dem Gebrauch des Wortes ‚Gemeinschaft' Gefahren ausgehen: Unweigerlich klingt es von Substanz und Innerlichkeit erfüllt, ja aufgebläht; recht unvermeidlich hat es eine christliche Referenz (geistige oder brüderliche, kommunielle Gemeinschaft) oder eine im weiteren Sinne religiöse (jüdische Gemeinschaft, Gemeinschaft des Gebets, Gemeinschaft der Gläubigen – 'umma); es wird zur Bekräftigung vorgeblicher ‚Ethnizitäten' verwendet – all dies konnte nur Warnung sein. Es war klar, dass die Akzentuierung eines notwendigen, doch stets ungenügend geklärten Konzeptes zu jener Zeit zumindest einherging mit einem Wiederaufleben kommunitaristischer und zuweilen faschistoider Triebkräfte.[10]

Die präpotente Gang, das Künstlerkollektiv, in dessen Macht es liegt, durch Anpassung und Einordnung als verbindende Kraft von Schönheit aufzutreten, das aber auch die Verschiedenartigkeit auslöschen bzw. sie hervorheben kann, bleibt mir ein verschlossenes, ambivalente Gefühle weckendes Kapitel. Aus meiner spärlichen Kollektiverfahrung habe ich die Erkenntnis gewonnen, dass das Kollektiv keine feststehende Größe, keine Verbindlichkeit und keine Basis, nicht Dreh- und Angelpunkt meines Lebens werden wird.

Meine naive Konstruktion von „Künstlergemeinschaft" ist eine nicht realisierbare. Die kollektive Arbeit scheint mir vornehmlich von Zweckbündnissen bestimmt zu sein, das Kollektiv als Form der Repräsentation einer Gruppe aber unumgänglich, um sich auf dem freien Markt behaupten zu können. Deshalb habe ich ein Kollektiv mit mir selbst gegründet. Ich verstehe mich als Teil einer negativen Gemeinschaft, also als Teil der Gemeinschaft derer, die wie ich keine Gemeinschaft haben. Deshalb muss ich alles alleine machen. Alles muss man ja selber machen, wenn man keiner

10 Jean-Luc Nancy: *Die herausgeforderte Gemeinschaft*, aus d. Franz. v. Esther von der Osten. Zürich / Berlin: Diaphanes 2007, S. 30–31.

Gruppe zugehörig ist, aber: Ja! Es gibt ein Überleben jenseits der Gruppe! Ganz alleine kannst du desertieren – nur auftreten solltest du wie ein Kollektiv.
Es stellt sich die Frage, warum man überhaupt die Strapazen des Zusammenschließens auf sich nehmen sollte und nicht gleich und fortwährend an Solo-Stücken arbeitet. Ich kann ja dennoch auf Autorenschaft verzichten. Das lästige Kollektiv, das in den Projektionen von *You can wash all that shit away* in verschiedensten Formationen auftaucht, ist ja sowieso nicht loszuwerden. Die Vielstimmigkeit ist immer garantiert, denn „Was ich denke, habe ich nicht allein gedacht" oder „Was ich denke, möchte ich nicht alleine gedacht haben."[11]
Selbst wenn ich als Einzelne arbeite, ist das Kollektiv – und sei es als abwesendes – immer in meinem Handeln und Sprechen vertreten, die Flucht davor also unmöglich.

Pumpen: You can wash all that shit away
Wie beschreibe ich eine Performance, die ich selbst nicht gesehen habe, die zu filmen verboten war und zu der ich wenig Außenperspektive habe? Ich platziere einen Satelliten meiner selbst, einen Pappaufsteller vielleicht, der aussieht wie ich und der hier beschreibt, was zu sehen war.
Während eine Gruppe von Zuschauern über den Parkplatz zum Hintereingang des Foyers geleitet wird, ist ein Sprinter ebenfalls auf dem Parkplatz hörbar, der eine Runde gegen die Einbahnstraßenregelung dreht, um mittig in der Gruppe anzuhalten. Ob man wegen *You can wash all that shit away* da sei und dass es jetzt losginge. Eine Person mit Basecap und seltsam bäuerlich wirkendem Leinenkleid springt aus dem Transporter und stellt sich als Katrin Hylla vor. Es sei eigentlich ein Witz, so findet sie, als Solistin aufzutreten, käme sie doch aus einer der Brutstätten, aus der Künstlerkollektive stammen, ja, der die Theateravantgarde des deutschsprachigen Theaters entflöge. Im Schwarm versteht sich.
Ich erfahre etwas darüber, wie es dazu kam, dass sie alleine da ist und nicht mit einem wie von ihr erhofften Kollektiv auftritt. Hylla schien sich von ihrem Studium der Angewandten Theaterwissenschaft eine Zugehörigkeit zu oder die Gründung eines noch nicht bestehenden, jedenfalls: ein Kollektiv zu versprechen. Als

11 Georges Bataille, zit. nach Maurice Blanchot: *Die uneingestehbare Gemeinschaft.* Berlin: Matthes & Seitz 2007, S. 16.

Schauspielerin wollte sie der von Hierarchien bestimmten Arbeitsweise entfliehen und sich den polyphonen, basisdemokratisch gestalteten, organisatorischen wie ästhetischen Prozessen widmen. Ein schöner Ansatz, eine nachvollziehbare Geste, denke ich, allein: es wurde nichts draus. Während selten zustande kommender Treffen wurden nur weitere terminliche Unmöglichkeiten verhandelt, bevor es überhaupt zu die Ästhetik betreffenden Auseinandersetzungen kommen konnte. So habe sie eben, als sie von der Ausschreibung zu den diesjährigen Fatzer Tagen hörte, beschlossen, im Verhältnis von Gemeinschaft und dem Einzelnen „diese Einzelne zu zeigen, da sie Gemeinschaft nicht anbieten könne". Über das Dasein als Einzelne und die abwesende Gemeinschaft reflektierend, trippelt sie leichtfüßig zur Ladefläche des Transporters. Sie öffnet den Kofferraum und da steht eine Waschmaschine. Man mag gewiss zu so manchen Dingen auch alleine imstande sein, aber Waschmaschinen sind und bleiben der Umzugskiller, keiner will sie tragen – und wenn, dann nicht allein.

Hylla aber – nach einem kurzen Blick und dem halbherzigen Ansatz, sich Hilfe zu holen – so, als wisse sie schon, dass keiner mitmachen werde – schultert die Maschine und fragt, während sie sie schon einige Meter geschleppt hat, ob ihr jemand helfen könne. Es packt auch jemand mit an und die Maschine wird ins Innere des Foyers getragen. Dort wird ein Bild von einer Turngruppe projiziert, dazu ist eine klassische Musik zu hören.

Als Rolltext über der Projektion ist zu lesen:

> das sind leute, die wollen / dass alle gleich sind und können doch / allein nicht leben[12]

Hylla beginnt nun in die verschiedenen Projektionen einzusteigen. Da sind scheinbar wild zusammengewürfelte Bilder zu sehen:

Schwarz-weiße, historisch anmutende Bilder von Sportgruppen, Bilder von unbekannten Bands, Chöre und Menschengruppen, Trachten- und Blasmusiken, Fußballvereine und ernsthaft dreinblickende Künstlergruppen, vielleicht sind es Situationisten oder Dadaisten. Hylla fügt sich so in die dargestellten Posen und Gesten ein, dass sich auf ihrem Körper wie auf einer Leinwand manchmal exakt der Körper der Person abbildet, die sich auf dem Bild befindet. Sie wird für einen kurzen Moment fast unsichtbar, weil sie zu verschmelzen scheint mit der dargestellten Gruppe. Dennoch wird

12 Brecht: Fatzer, S. 461.

sie nie vollständig Teil des Bildes, sie bleibt der Dreidimensionalität ihres Körpers verhaftet, aber die Illusion, sie könne es kurz doch sein, erfüllt sich in einigen Bildern. In Positionen, in denen Hylla und die projizierte Person nicht übereinstimmen, ergeben sich teilweise monströse Fratzen aus der Überlagerung der Gesichtszüge der Performerin und der Person auf dem Foto.

Während die Bilder langsam an Deckkraft verlieren, bleiben Positionen und Gesten der zuvor gesehenen Bilder übrig, als gelernte zurück, in denen die Performerin nun zu sprechen beginnt. In diesen Texten werden Kollektive und Turnvereine, Burschenschaften und politische Gruppierungen polemischerweise gleichgesetzt als Gruppierungen, die ein Interesse teilen, wobei der Künstlervereinigung mehr zugeschrieben wird: Eine Synthese aus Kunst und Leben habe hier stattgefunden. Dieses Interesse scheint nicht ideeller Natur zu sein, sondern zielt auf die nutzbringende Funktion des Kollektivs ab: Es ist Schutzraum, es findet ein gegenseitiger Stützeffekt statt. Der Zusammenschluss hat zwar aus wohl kalkulierten Motiven stattgefunden birgt dennoch Ambivalenzen: zum einen besteht eine Sehnsucht nach Gemeinschaft, zum anderen das Unbehagen angesichts der faschistoiden und kommunitaristischen Ausprägungen des 20.Jahrhunderts, Teil dieser zu sein. Anschaulich

wird es, wenn eine Emailkorrespondenz vorgetragen wird, in der es um eine scheinbar gescheiterte Zusammenarbeit geht.

„Krieg gegen mich selbst, aus dem ich nur in eine Gruppe desertieren könnte"

Aus einer Unterstellung, wer im Kollektiv arbeite, verstecke sich hinter dem Label, um sich seiner Verantwortung zu entziehen, um einfach nicht alleine sein zu müssen, erhebt sich in kämpferischer Pose die Performerin mit einer Art Solitär-Manifest: Sie hat beschlossen, trotz besseren Wissens alles alleine zu machen, keine Kompromisse einzugehen. Mit ihrer ungenügenden Kompetenz möchte sie umgehen lernen, den Dilettantismus aushalten. Die Nachteile, die sich daraus ergeben (der Verdacht, egoistisch zu sein, der Vorwurf sich genialisch zu gebärden, sich individualistisch aufzubäumen), nimmt Hylla in Kauf.

Sie sucht eine Auseinandersetzung mit den eigenen Widerständen und denen, die sich ihr beispielsweise in der Unmöglichkeit bieten, alleine eine Waschmaschine zu transportieren.

Denn dass sie Schwierigkeiten in Form von Widerständen oder Gegenstimmen braucht und die Mehrstimmigkeit sucht, wird spätestens dann deutlich, wenn sich die Zuschauer_innen bei einer Gründungsfeier befinden, bei der Hylla ausruft. „Denn Das Nicht-Sozialisierte das Hoch-Individualisierte bedarf des Chores um dialektisch wirken zu können."

Da sich dieser Chor, diese Polyphonie nicht eingefunden hat, erfindet Hylla nun ihr eigenes Kollektiv und bestückt es mit all den Attributen, die scheinbar als Erfolgsrezept gelten – und genau so im Kontext der „Gründungsmythen" verschiedener Gruppen zu finden sind: interdisziplinäres Zusammenarbeiten, eine internationale Herkunft und damit internationale Kooperationsmöglichkeiten, Wirken an den Schnittstellen der Künste und die Bescheidenheit, an jeder zur Verfügung stehenden Probe- und Arbeitsstätte – „letztlich in jedem zur Verfügung stehenden Kellerloch" sein bestes zu geben.

Kaum ist das Kollektiv gegründet, ruft es auch schon an: Doch leider kommt während der Skype-Konferenz, in der wir Hylla in dreifacher Ausführung (männlich, blond und rauchend) sehen, keine gemeinsame Probenzeit zustande. Während ein Kollektivmitglied in Lohnarbeit verstrickt scheint, frönt die andere ihrem Hedonismus, die dritte wirkt resigniert und in sich zurückgezogen,

ist darauf bedacht, sich nicht zuviel zu engagieren. Nicht unsympathisch, auch durchaus nachvollziehbare Argumente bringen die Mitglieder des Kollektivs hervor, das sich „Satellit“ nennt. Eine gemeinsame Sache – es soll wohl ein Stück erarbeitet werden – entsteht so jedoch nicht.
Betrat das Publikum das Foyer vom Parkplatz aus, so wird es nun gebeten oder vielmehr angewiesen, den Raum in die andere Richtung zu verlassen, so dass er wie eine Schleuse, als ein Zwischenort fungiert. In einem prozessionsartigen Zug wird nun die Waschmaschine auf einer Sänfte und unter einem darüber getragenen Baldachin nach draußen transportiert, während Hylla per Megaphon tröstende Worte darüber verliert, dass es statistisch gesehen normal sei, im Alter zwischen 20 und 30 Teil eines Kollektivs gewesen zu sein. Es sei ein typischer Übergang aus dem universitären Kontext in den professionellen. In einer chorischen Anordnung sind weitere Waschmaschinen im Rondell des Ringlokschuppens aufgebaut, die alle zu schleudern scheinen. Die Waschmaschine wird nun abgesetzt und der Schleudergang eingestellt. Hylla steht mit einem großen Pflasterstein davor, während die Maschine beschleunigt. Auf dem Höhepunkt der Umdrehungszahl wirft sie den Stein in die Wäschetrommel. Videos von „tanzenden“ und sich nach und nach zerlegenden Waschmaschinen gibt es auf You Tube zu sehen, es ist anzunehmen, dass das auch hier geschehen sollte. Doch die Maschine bleibt einfach stehen. Bewegt sich nicht mehr. Kurz und schmerzlos. Auch hier ein Widerstand.

Entgegen meiner eigenen Wunschvorstellung und entgegen der Annahme, man könne Theater nur im Kollektiv machen, habe ich trotzdem ein Stück gemacht. Dieses Trotzdem ist der Punkt Fatzer, an den ich mich am meisten angenähert habe. Da liegt meine Weigerung, mich den Umständen zu fügen, entgegen besseren Wissens das Wagnis einzugehen, ohne ein Kollektiv zu arbeiten. Ich stelle mich mit dieser Arbeit auch gegen das produktorientierte und flexible Theater, das schon in der Planung auf Waschmaschinen verzichtet, weil diese mehr als Sand im Getriebe sind: Sie sind sperrig, schwer und stehen siebenfach jeder immer wieder von uns geforderten Flexibilität entgegen.

Mit herzlichem Dank an Melchior B. Tacet und Serena Schranz.

Schauf / Millner / Scholtysik / Földesi / Bussmann / Natus

FATZER-/KOMMENTAR/VERSUCH/ LEHRSTÜCK/FRAGMENT

Ein Projekt von und mit Daniel Schauf, Carolin Millner, Philipp Scholtysik, Bettina Földesi, Jacob Bussmann und Lena Natus
Aufführungsfotos Björn Stork, Lena Natus
Premiere 20. Juli 2013, Ringlokschuppen Ruhr

Ein Versuch, auf diesem Podium sich einzurichten

Philipp Scholtysik / Daniel Schauf

Fatzer Lesen

Bereits beim Lesen stellt einem *Fatzer* die Aufgabe, sich die Vorannahmen, die das eigene Verständnis strukturieren, bewusst zu machen. Lesen ist durch den Fragmentcharakter des Textes zwangsläufig ein In-Szene-Setzen. Das Herstellen von Sinn, auf das man beim Lesen kaum verzichten kann, nimmt bereits als Folie das Phantasma einer konsistenten Stückfassung in Anspruch. Dieses Problem soll kurz an einem markanten Beispiel erläutert werden. Das *Fatzerdokument* enthält zahlreiche Stellen, die behaupten, Fatzer und drei weitere Deserteure seien am Ende der Geschichte tot.[1] In der mit „Letzte Szene" überschriebenen Szene[2] kündigt Büsching Fatzers Hinrichtung an: „Drum sollst du hingerichtet / Werden nach dem Beschluß / Von drei Menschen und einem / Toten, ohne Aufschub!"[3] Doch die Szene ist im Fragment nicht zu Ende geführt. Innerhalb der vorliegenden Narration stirbt Fatzer also nicht. Und mehr noch: auch die Umbenennung der Figuren wird nirgends im Fragment expliziert.[4] Man könnte ebenso die Stellen in Zweifel ziehen, die von vier Deserteuren sprechen und von einem dramatischen Personal ausgehen, das so zahlreich ist wie die verschiedenen Namen. Eine solche Lesart, die das, was da steht, mit dem, was innerhalb der Narration erzählt wird, verwechselt, ist offensichtlich für viele Aspekte des Fragments blind. Die Vorannahme, dass *Fatzer* in verschiedenen Varianten eine Fabel enthält, über deren narrativen Verlauf man spekulieren kann, erschließt den Text durchaus in vernünftiger Weise, sie stellt aber zugleich den Auftritt eines *Well-made-Fatzers* dar.

1 Vgl. Bertolt Brecht: Fatzer. In: Ders.: *Werke. Große kommentierte Berliner und Frankfurter Ausgabe*, Bd. 10.1. Berlin / Frankfurt am Main: Aufbau / Suhrkamp 1997, S. 387–529, hier S. 397, 399, 468, 469, 477, 479.

2 Ebd., S. 447–449.

3 Ebd., S. 448.

4 Obwohl in den Texten, die in der *Großen kommentierten Berliner und Frankfurter Ausgabe* als „A-Komplex (Pläne, Fabelentwürfe, konzeptionelle Überlegungen u. ä.)" (ebd., S. 1121) bezeichnet werden, viele Überlegungen Brechts festgehalten sind.

Um auf diese paradoxe Problemstellung zu antworten, haben wir *Fatzer* als seinen eigenen Entstehungsprozess gelesen. So wird *Fatzer* immer wieder zu einem Text, dessen tatsächliche Handlung keine erzählte, sondern eine vollzogene ist: die Handlung des Wiederaufgreifens, Reformulierens, Wiederholens und Verwerfens, die zwischen den verschiedenen Abschnitten des Fragments liegt.

Zugriff – Lehrstück

Wir wollten weder fertig machen, was Brecht offen und unfertig gelassen hat, noch haben wir den Effekt der Unübersichtlichkeit, der dem Fragment innewohnt und für den man sich interessieren könnte, betont. Wir gingen davon aus, dass man aus dem Fragment einzelne Textabschnitte herausgreifen kann, ohne diese zu verbinden, indem man einfach auf das setzt, was in diesen Abschnitten thematisiert und verhandelt wird. Wir haben nach Textstellen gesucht, in denen Fragen des Bezugs zwischen dem Einzelnen und der Gemeinschaft auf einer Mikroebene verhandelt werden – in denen sich also jemand bezüglich der Anderen verortet, in denen sich jemand einem Blick oder einem Gegenüber aussetzt. Am Ende des Auswahlprozesses hatten wir vier DIN-A4-Seiten Text. Für die szenische Erprobung des Materials haben wir auf ein Sprechen und Denken des *„das ist wie …“* verzichtet, weil wir fanden, dass solche Gleichsetzungen dem Wesentlichen des Materials nicht entsprechen. Kein Kostüm, kein Bühnenbild sollte etwas herstellen, keine psychologische Situation Verständnis herbeiführen. Ziel war die Herstellung einer Übung/Lehrsituation.

Wir haben das *Fatzer*-Fragment ausgehend von Brechts Äußerungen zum Lehrstück gelesen. Die sogenannten Lehrstücke Brechts konfrontieren uns mit Situationen und inhaltlichen Diskussionen, die nicht mühelos zugänglich oder gar anwendbar sind. Dem entspricht eine „Lehrstück-Theorie“[5], die sich allerdings (u. a. im *Fatzerkommentar*) v. a. in Widersprüchen niederschlägt. Während stellenweise in einem katechetischen Stil auf „die Lehre“ referiert wird,[6] so als gäbe es konkret zu vermittelnde Lehrinhalte, wird genau diese Vorstellung an anderer Stelle zurück gewiesen:

> Wenn der Denkende eine Lehre lehrt, so tut er das, weil eine solche gebraucht wird. Der Denkende denkt im Auftrag. Nicht eine bestimmte Erkenntnis soll durch die Lehre verbreitet, sondern eine bestimmte Haltung der Menschen soll durch sie durchgeführt werden. […] Bei dem Einnehmen der richtigen Haltung wird die Wahrheit, d. h. das rechte Erkennen der Zusammenhänge zutage treten.[7]

Die Lehre ist also nichts, was sich in Lehrsätzen ausdrücken ließe, sondern eher etwas, dass sich in Praktiken entfaltet. Konkreter:

> Unsere Haltung kommt von unseren Handlungen, unsere Handlungen kommen von der Not. Wenn die Not geordnet ist, woher kommen dann unsere Handlungen? Wenn die Not geordnet ist, kommen unsere Handlungen von unserer Haltung:
>
> Unsere Gedanken kommen von[8]

5 Die Vorstellung einer „Lehrstück-Theorie“ geht insbesondere auf Reiner Steinwegs Versuch zurück, aus Brechts Äußerungen zu den Lehrstücken eine in sich stimmige, abgeschlossene Theorie abzuleiten. Vgl. Reiner Steinweg: *Das Lehrstück. Brechts Theorie einer politisch-ästhetischen Erziehung*. Überarb. Aufl. Stuttgart: Metzler 1972.

6 Brecht: Fatzer, S. 528–529.

7 Ebd., S. 520–521. Vgl. hierzu auch Bertolt Brecht: Brecht referiert von Pierre Abraham. In: Ders.: *Die Maßnahme*. Kritische Ausgabe mit einer Spielanleitung von Reiner Steinweg. Frankfurt am Main: Suhrkamp 1972, S. 261: „[…] daß er darin nicht These und Gegenthese zu suchen hat, Argumente für oder gegen solche Meinungen, Anklage- oder Verteidigungsreden, die seine besondere Weise, [die Dinge] zu sehen, ins rechte Licht rücken, sondern ausschließlich Geschmeidigkeitsübungen, die für jene Art Geistes-Athleten bestimmt sind, wie es gute Dialektiker sein müssen.“

8 Brecht: Fatzer, S. 520.

Eine marxistische Lesart der Kausalität im ersten Satz wäre: das Proletariat beginnt aus der Not heraus (als Klasse im Klassenkampf) zu handeln, wird so zum Subjekt der Revolution und erlernt dabei eine neue Haltung, die für den Aufbau der klassenlosen Gesellschaft nötig ist.[9] Im zweiten Satz dreht sich die Kausalität um. Wenn das Lehrstück durch Veränderungen der Haltung auf die politische Praxis einwirken will, dann gibt der zweite Satz die Zeit und den Raum des Lehrstücks an: „wenn die Not geordnet ist". Es sind dies aber zugleich der Raum und die Zeit, in denen die Kette von Ursache und Wirkung abreißt: „Unsere Gedanken kommen von"

Vielleicht beschreibt „wenn die Not geordnet ist" einen Zustand nach der Revolution, vielleicht aber auch unsere Gegenwart, in der die Not keine Form hat (weil sie in bestimmten Weisen verwaltet, also geordnet, wird), aus der sich Handlungen ergeben. Wie immer man die geordnete Not versteht, das Verstummen des Kommentars korreliert mit der Distanz, die wir gegenüber Brechts Lehrstücken empfinden. Den möglichen Schluss „unsere Gedanken kommen von der Lehre", können wir kaum akzeptieren und anscheinend konnte „der Schreibende" des *Fatzerkommentars* das auch nicht. Das Lehrstück zieht sich selbst von vornherein in Zweifel, insofern es

9 Im Modell des ersten Satzes ist also für das Lehrstück kein Platz, stattdessen gilt der letzte Satz der *Maßnahme*: „Nur belehrt von der Wirklichkeit / können wir die Wirklichkeit ändern" (Brecht: *Die Maßnahme*, S. 134).

kein zu sicherndes Selbstbewusstsein darüber hat, was mit und in ihm eigentlich gelehrt werden kann oder soll.

Das Lehrstück ernst nehmen heißt dann, anzunehmen, dass es als solches gerade von diesem Umstand konstituiert wird. Das Lehrstück (und *Fatzer*) lehrt gerade, indem es nichts zu lehren hat. Dennoch und gerade deshalb gilt: „Die Vorführenden […] haben die Aufgabe, lernend zu lehren.“[10]

10 Bertolt Brecht: Anmerkungen zur Maßnahme. In: Ebd., S. 233–271, hier S. 242.

Üben – Laie

„Im übrigen sind wir jetzt endlich auf dem Stand, den wir immer ersehnt haben: haben wir nicht immer nach Laienkunst gerufen?“[11] Bereits in unserer Auseinandersetzung mit der *Maßnahme*[12] und noch mehr in der Arbeit mit *Fatzer* wurde die Laiin (bzw. der Laie) zu einem für uns zentralen Begriff. In ihm kristallisiert sich unser Verständnis der Lehrstück-Theorie. Wir sehen in ihm eine Existenzform, die sich selbst zur Disposition stellt, bereit, sich selbst aufzugeben, ohne sich zu verlieren, bereit, übernommen zu werden, ohne unterdrückt zu werden, lernend zu lehren, ohne eine Fixierung zu finden. Ein laienhaftes Üben ist eine konzentrierte Tätigkeit, die sich auf eine Steigerung ohne Kontext richtet. Ein Üben, das nirgends hinführt, sondern um seiner selbst willen geschieht. Natürlich wird man in dem, was man tut besser – nur dieses „besser“ vollzieht sich auf einem Register, das außerhalb der Übung keinen Sinn hat, das nicht als Leistung lesbar wird und kein handlungsfähiges Subjekt herausbildet.[13] Die Aufgabe ist also, das Üben selbst zu Üben, je neu auf Fertigkeiten und Vermögen zu verzichten und sich darin als Laiin zu erfahren.

Von anderer Seite betrachtet bildet die Laiin eine Antwort auf die Frage: Wie kommt ein Körper auf die Bühne? Wie legitimiert er seine Anwesenheit und welche Art von Anwesenheit bildet er? In der Logik des konventionellen Schauspiels führt die Fähigkeit, sein Verschwinden hinter einer Rolle zu vollziehen, den Schauspielerkörper auf die Bühne. Demgegenüber betritt ein „Experte des Alltags“, wie Rimini Protokoll den Nicht-Schauspielerkörper des (auto)biographischen Theaters betitelt haben, die Bühne qua Nicht-Verschwinden-Können. In Kontrast zu beidem steht eine Performativität, die sich weigert, jegliche Anwesenheit auf der Bühne zu verantworten und stattdessen den Vollzug von Handlungen hochhält, deren Urheberschaft irrelevant sei – es kann also irgendwer auf die Bühne, ohne Voraussetzung. Voraussetzungslosigkeit allein genügt allerdings nicht, aus ihr ergibt sich eine spezifische Aufgabe. Irgendwer kann nicht deshalb auf die Bühne, weil es egal ist wer,

11 Brecht: Anmerkungen zur Maßnahme, S. 236.

12 Vor *FATZER-/KOMMENTAR/VERSUCH/LEHRSTÜCK/FRAGMENT* haben wir in fast derselben Konstellation eine Inszenierung der *Maßnahme* erarbeitet, die u. a. im Rahmen der Konferenz „Thinking on/of the Stage“ im Mousonturm Frankfurt am Main gezeigt wurde.

13 Vgl. Kai van Eikels: *Die Kunst des Kollektiven. Performance zwischen Theater, Politik und Sozio-Ökonomie.* München: Fink 2013, S. 254.

und also irgendwer, sondern weil irgendwer etwas kann, das nicht jeder kann, nämlich etwas tun, was sie nicht kann – und das wiederum kann tatsächlich irgendwer, also auch Menschen, die etwas können, und insbesondere selbst Schauspieler. Wesentlich ist also eine Unterdeterminierung, von der die Laiin vielleicht eine spezielle Form darstellt. Dieser Unterdeterminierung der Performer entspricht, so denken wir, eine Unterdeterminierung des Publikums, in dem Sinn, dass die Menschen, die als Zuschauer an einem theatralen Vorgang teilnehmen, daraus keine Form von Anwesenheit ableiten können,[14] weil sie nicht als Publikum adressiert werden. Wie soll man einem Üben auf der Bühne zuschauen? Diese Frage erscheint nicht zufällig als Wiedergänger der Frage: *Wie Fatzer lesen?* „Ich, der Schreibende, muß nichts fertigmachen. Es genügt, daß ich mich unterrichte. Ich leite lediglich die Untersuchung und meine Methode dabei ist es, die der Zuschauer untersuchen kann."[15] In dieser Weise ist der Zuschauer – bezeichnenderweise überspringt Brecht den Lesenden, der dem Schreibenden zunächst gegenüber wäre – selbst für sein Zusehen verantwortlich.

> Indem Gesten Gesten kommentieren und provozieren, werden Zäsuren gesetzt, Abläufe unterbrochen, wiederholt, variiert. Das Spiel ist, anders formuliert, fortwährende Probe. Die Aufführung wird aufgeführte Veröffentlichung der Probe sein. […] An diesem Punkt steht – darüber darf man sich nicht täuschen – nichts weniger als die Verfassung des Theaters als ästhetisches Gebilde überhaupt auf dem Spiel, es steht auf dem Spiel der Charakter der Fiktion, der ästhetischen Differenz, der Kunstcharakter der Theaterkunst selbst.[16]

Wer *Fatzer* als unmögliches Theater feiert,[17] muss sich dieser Dimension öffnen. Was es auf der Bühne wahrzunehmen gibt,

14 Vgl. Kai van Eikels: Das Publikum muss weg, damit Theater sich Politik mehr als einbilden kann. Oder weniger als. Vortrag gehalten auf der Tagung „Ein Gespenst geht um: Revolution im zeitgenössischen Theater", 19.06.2013, Theater Trier. http://kunstdeskollektiven.files.wordpress.com/2013/06/kai_van_eikels-das_publikum_muss_weg.pdf (Zugriff am 31.10.2013), S. 8.

15 Brecht: Fatzer, S. 514.

16 Hans-Thies Lehmann: Lehrstück und Möglichkeitsraum. In: Patrick Primavesi / Simone Mahrenholz (Hrsg.): *Geteilte Zeit. Zur Kritik des Rhythmus in den Künsten.* Schliengen: Edition Argus 2005, S. 229–241, hier S. 236.

17 Vgl. Nikolaus Müller-Schöll: Der geprobte Aufstand. In: *polar* 13 (2012), S. 196–172, hier S. 170: „Gerade die Tatsache, dass »Fatzer« ein aus Brechts Sicht *unmögliches* Theater darstellt, lässt dieses Fragment gebliebene Stück aus der Distanz als einen der Texte Brechts erscheinen, die auf ein *immer noch kommendes* Theater verweisen, die größte Potentialität bergen, Möglichkeiten der Realisierung, an die Brecht noch nicht denken konnte."

ist kein Produkt, auch kein unfertiges, sondern selbst Lehrgegenstand. Menschen, die dem als Besucher beiwohnen, sind eingeladen, selbst lernend/lehrend eine neue Betrachterhaltung einzunehmen. Die Freiheit, einer bestimmten Form von Kritik damit entzogen zu sein,[18] fühlt sich logischerweise nicht frei an, sondern laienhaft: die blindflugartige Unsicherheit, welche Kriterien überhaupt angemessen seien, mit der ein kritischer Betrachter klar kommen muss, hat auch unseren Prozess begleitet.

Desertion

Was im *Fatzer* auf dem Spiel steht, ist, ob es eine Gemeinschaft geben kann, die sich nicht auf Recht begründet,[19] und welches Verhältnis ein Einzelner zu einer solchen Gemeinschaft haben kann. Die Gemeinschaft der Deserteure gründet sich auf die Desertion

18 Vgl. Walter Benjamin: Was ist das epische Theater (I). In: Ders.: *Gesammelte Schriften,* Bd. II. 2, hrsg. v. Rolf Tiedemann / Hermann Schweppenhäuser. Frankfurt am Main: Suhrkamp 1991, S. 519–539, hier S. 528.

19 Was evtl. gleichzusetzen ist mit der Frage nach einer Gemeinschaft, die sich nicht über eine Definition (ein Recht) konstituiert, wer Teil der Gemeinschaft ist (sein kann) und wer nicht.

(aus dem Krieg),[20] geht dann aber an einer zweiten, nämlich an Fatzers Desertion zugrunde. Wir verstehen Desertion nicht als bloße Verweigerung, am Krieg, sondern als Verweigerung, in einer bestimmten Weise an Machtstrukturen teilzunehmen.[21] Nicht die Ausübung von Gewalt macht den Unterschied, sondern die Legitimierung der Gewalt als rechtmäßige Gewalt, nicht das Ausspielen von Macht ist problematisch, sondern eine Machtausübung, die zugleich nach Machterhalt strebt und sich gegen die Möglichkeit, seine Macht zu verspielen, absichern will. Diese Auffassung verdankt sich wesentlich Walter Benjamins Aufsatz *Zur Kritik der Gewalt*, in dem er ein „Schwankungsgesetz" von rechtsetzender und rechtserhaltender Gewalt postuliert.[22] In Abgrenzung zur Gerechtigkeit verdankt sich Recht einer gewaltsamen Setzung und muss durch (rechtserhaltende) Gewalt gegen Versuche einer neuerlichen Rechtsetzung verteidigt werden. Die rechtserhaltende Gewalt beruft sich dabei auf das gesetzte Recht und muss darin die rechtsetzende Gewalt, die dieses begründete, negieren. Das heißt, sie wendet sich gegen ihre eigene Grundlage, muss daran zugrunde gehen und einer erneuten Setzungsmacht weichen.[23] Dieses dialektische „Schwankungsgesetz" beschreibt die „Neigung zum Krieg", darum „fällt [ihre Kritik] vielmehr mit der Kritik aller Rechtsgewalt, das heißt mit der Kritik der legalen oder exekutiven Gewalt, zusammen und ist bei einem minderen Programm gar nicht zu leisten."[24] Benjamins Hoffnung auf die Möglichkeit einer reinen, „göttlichen Gewalt", und damit der Revolution, richtet sich auf eine Recht entsetzende Gewalt, die sich der Zweck-Mittel-Relation entzieht. Allerdings betont er, dass „die Entscheidung, wann reine Gewalt in einem bestimmten Falle wirklich war"[25] nicht möglich ist.

20 Dies wird zum Teil als grundsätzlicher Fehler, aus dem alles andere folgt, dargestellt. Vgl. Brecht: Fatzer, S. 468, 475, 479.

21 Vgl. Avery Gordon: Desertion. In: Multitude e.V. / Unfriendly Takeover (Hrsg.): *Wörterbuch des Krieges*. Berlin: Merve 2008, S. 96–109, hier S. 103, sowie Alexander Karschnia: BEHEMOTH vs. LEVIATHAN. In: Ders. / Michael Wehren (Hrsg.): *Kommando Johann Fatzer. Mülheimer Fatzerbücher* 1. Berlin: Neofelis 2012, S. 22–39, hier S. 32.

22 Walter Benjamin: Zur Kritik der Gewalt. In: Ders.: *Gesammelte Schriften*, Bd. II.1, hrsg. v. Rolf Tiedemann / Hermann Schweppenhäuser. Frankfurt am Main: Suhrkamp 1991, S. 179–203.

23 Vgl. auch Werner Hamacher: Afformativ, Streik. In: Christiaan L. Hart Nibbrig (Hrsg.): *Was heißt »Darstellen«?* Frankfurt am Main: Suhrkamp 1994, S. 340–374.

24 Benjamin: Gewalt, S. 187.

25 Ebd., S. 203.

Diese Unentscheidbarkeit ist nahe am Kern der Schwierigkeiten, die *Fatzer* einem stellt.

Fatzers Desertion besteht gerade darin, dass er von den Machtstrukturen des Desertions-Kollektivs desertiert. Innerhalb des Kollektivs kommt ihm die Rolle zu, als Anführer Verantwortung für die anderen, für das Kollektiv als ganzes zu übernehmen.[26] Fatzer ignoriert seine Machtposition, indem er sie ausnützt, ohne auf den Erhalt seiner Macht zu achten. Indem er weder auf seiner Macht besteht, noch bereit ist, sie abzugeben, negiert er die Machtstrukturen als solche. Inwiefern er darin unsolidarisch handelt oder eher die Deserteure ihn unsolidarisch verraten (oder beides), kann hier außen vor bleiben.[27]

Die als „Letzte Szene"[28] überschriebene Szene endet im *Fatzerdokument* mit „Ich bin der Fatzer / Usw."[29]. Die Vermutung liegt nahe, dass das Weitere in „und so weiter" die Erschießung Fatzers ist. Zuvor begründet Büsching das Todesurteil über ihn: „Jetzt mußt du hin sein / Dieweil du krank geworden / Bist und schlecht."[30] Explizit verweisen Büsching und Kaumann auf die Folgenlosigkeit dieses Urteils: die „Schlächter" sind schon vor dem Fenster, ob Fatzer von Büsching und Kaumann hingerichtet oder von den „Schlächtern" von außen umgebracht/hingerichtet wird, macht lediglich einen rechtlichen Unterschied. Es geht für Fatzer nicht darum, in seinen Tod einzuwilligen, sondern sich dem Recht (und zwar dem bestimmten Recht des Desertions-Kollektivs) zu beugen. Büsching fordert: „Sag, daß du / Einverstanden bist."[31] Diese Legitimierung der Gewalt verweigert Fatzer. Die Aporie scheint nun darin zu liegen, dass zwar die „Geschichte zwischen vier Männern [...] inmitten von Mord, Eidbruch und Verkommenheit die blutigen Spuren einer Art neuen Moral [zeigt]"[32], gerade diese „neue Moral" aber den Untergang bedingt.

Ein Akt der Entsetzung des Rechts,[33] die Desertion, wird retrospektiv zum Setzungsakt eines neuen Rechts: „Ich will euch sagen,

26 Brecht: Fatzer, S. 410, 433, 461, 469.

27 Im *Fatzerdokument* kommen beide Auffassungen zur Sprache. Vgl. ebd., S. 446–447, 456, 464, 468–469.

28 Ebd., S. 447–449.

29 Ebd., S. 449.

30 Ebd., S. 448.

31 Ebd.

32 Ebd., S. 469.

33 Vgl. Benjamin: Gewalt, S. 202: „Auf der Durchbrechung dieses Umlaufs im

warum / Nicht jeder gehen soll in seine Stadt: / Denn dann verschwände er / Unter den vielen ein Heimlicher und suchte / Zu vergessen seinen gesetzlosen Zustand“[34]. Aus dem gesetzlosen Zustand leitet sich eine neue normative Vorschrift, ein neues Gesetz ab. *Fatzer* lässt die Fragen nach einer Gemeinschaft jenseits des Rechts, also einer Gemeinschaft, in der der Einzelne permanent desertieren könnte, ungelöst.

Gestus und Umsetzung

In der Geste finden die bisherigen Überlegungen eine Art Kristallisationspunkt. Einerseits ist sie ein, wenn nicht der wesentliche Gegenstand der Lehrstücks,[35] andererseits lässt sie sich als reines Mittel begreifen:

> Wenn das Hervorbringen ein auf einen Zweck [*fine*] hin orientiertes Mittel [*mezzo*] und die Praxis ein Zweck ohne Mittel ist, dann bricht die Geste die falsche Alternative zwischen Zwecken und Mitteln, die die Moral lähmt, auf und stellt Mittel vor, die sich *als solche* dem Bereich der Mittelbarkeit entziehen, ohne dadurch zu Zwecken zu werden.[36]

Damit ist aber noch wenig darüber gesagt, was eine Geste ist. Gewiss ist damit nicht einfach eine Handbewegung oder Gebärde gemeint. Der Begriff ist zugleich viel weiter und viel enger. Benjamin grenzt die Geste von Aussagen und Handlungen ab.[37] Aussagen dienen dem Zweck der Informationsübertragung, Handlungen verfolgen performative Zwecke. Wobei dies weder auf sprachliche Aussagen noch auf physische Handlungen beschränkt ist, schließlich gibt es ein performatives Sprechen und ein signifizierendes Handeln. Insbesondere letzteres, das Pantomimische, ist nicht gestisch. Die Geste ist vielmehr eine Art leerer Signifikant, der nichts transportiert, das (rück)übersetzbar wäre, ganz im Sinne des Sprachgebrauchs, bei Geschenken sei die Geste entscheidend.

Banne der mythischen Rechtsformen, auf der Entsetzung des Rechts samt den Gewalten, auf die es angewiesen ist wie sie auf jenes, zuletzt also der Staatsgewalt, begründet sich eine neues geschichtliches Zeitalter.“

34 Brecht: Fatzer, S. 488.

35 Vgl. Benjamin: Episches Theater, S. 524: „So wird in der ‚Maßnahme‘ nicht nur der Bericht der Kommunisten, sondern durch deren Spiel auch eine Reihe von Gesten des Genossen, gegen den sie vorgingen, vor das Parteitribunal gebracht. Was im epischen Drama überhaupt ein Kunstmittel der subtilsten Art ist, wird im besondern Fall des Lehrstücks zu einem der nächsten Zwecke.“.

36 Giorgio Agamben: Noten zur Geste. In: Ders.: *Mittel ohne Zweck. Noten zur Politik*. Zürich / Berlin: Diaphanes 2001, S. 53–64, hier S. 60.

37 Vgl. Benjamin: Episches Theater, S. 521.

„Gesten erhalten wir umso mehr, je häufiger wir einen Handelnden unterbrechen."[38] Während uns die Quantität in dieser Formel Benjamins nicht interessiert, dient sie doch als gute Richtschnur. Dann kann die Geste als das gedacht werden, was in der Unterbrechung erscheint, was dann passiert, wenn das Passieren der anderen Vorgänge, deren Identifikation oftmals die Aufmerksamkeit der Handelnden und Betrachtenden binden, ausgesetzt ist.

Um an Gesten zu arbeiten, haben wir mit Unterbrechungen gearbeitet. Einerseits zeitliche Unterbrechungen, die einen Vorgang abbrechen und etwas in der Luft hängen lassen, das dann als Geste beobachtbar wird – was wir im Probenprozess sehr konkret erfahren konnten. Andererseits Unterbrechungen, die sich gegen das Funktionieren der theatralen Situation wenden. Wenn die gegenseitige Bezugnahme der Akteure einer Situation gestört wird, kommt es zu Gesten, wobei die Unterbrechung selbst natürlich auch eine Geste darstellt.

Wenn sich so etwas wie ein *Prinzip Fatzer* zusammenfassen lässt, wäre es in etwa dies: Reden ohne Bedeutung,[39] Handeln ohne Konsistenz. Das *Prinzip Fatzer* ist aber durchaus kein reines Lustprinzip, auch keine reine Irrationalität, Affektiviät oder Destruktion – alle diese wären berechenbar und letztlich in ein Schema von Bedürfnissen und Interessen übersetzbar. Fatzer ist zugleich der Grund der Gemeinschaft und ihr Hindernis, zugleich der Organisator der Desertion und Proviantierung und der Verschwender und Blockierer. Wenn man von der narrativen Figur Fatzer abstrahiert, ist die Suche nach der Geste die Suche nach Fatzer. Das Vertrauen auf die Geste als Material des Lehrstücks, das Vertrauen darauf, durch den gestischen Vollzug eine neue Haltung zu erlernen und „beim dem Einnehmen der richtigen Haltung […] die Wahrheit"[40] zu erkennen, ist ebenso unbegründet und doch notwendig wie das Vertrauen der Deserteure (möglicherweise Fatzer selbst eingeschlossen) auf Fatzer.

38 Benjamin: Episches Theater, S. 521.

39 Brecht: Fatzer, S. 425: „Ich seh, ihr glaubt nicht, was ich sag: es macht nichts." Vgl. auch ebd, S. 440.

40 Ebd., S. 521.

Spielordnung

Vier Personen sprechen einzeln die verschiedenen Textpassagen frontal vor den Zuschauern. Jede Textstelle wird mehrfach wiederholt, wobei man Bewegungen, Gesten, Tonfall, Positionierung im Raum etc. von den vorigen aufgreifen und wiederholen kann – Prinzipien, die wir aus der Selbstreferenzialität des *Fatzer*-Fragments abgeleitet haben. Die Reihenfolge und Haltung der Auftretenden ist nicht festgelegt sondern geprobt, d.h. hier: die Art und Weise, mit dem Text zu arbeiten, wurde in den Proben diskutiert, woraus sich Orientierungen ergaben, aber keine Fixierungen. Die Performerinnen sitzen auf vier Stühlen auf einer Beobachterposition am Rand. Wenn eine Textpassage zu Ende gesprochen ist, kehrt der Performer dorthin zurück. Dann haben alle vier die Aufgabe, mit der Vorlage weiter zu arbeiten. Außerdem gibt es die Möglichkeit, den, der gerade spricht, zu unterbrechen und stattdessen einen neuen Ansatz vorzuschlagen. So haben alle permanent die Aufgabe, den jeweils nächsten Schritt zu verhandeln, ohne diese Verhandlung (etwa in einer sprachlichen Diskussion) zu vereindeutigen. Vielmehr vollzieht sich diese in einer Vielzahl kleiner Gesten. Es sind dies Gesten des Zauderns, des Muts, der Ratlosigkeit, des Nachdenkens, des Unverständnisses, des Missfallens, des Abwartens, der Ungeduld, der Scham, des Staunens, des Amüsements etc. Der Rhythmus des Aufgehens und Abgehens, des Erscheinens und Zurücktretens eines Körpers strukturiert die Aufmerksamkeit des Betrachtens. Als würde man das wichtige Detail besonders nachlässig beleuchten, enthält diese Anordnung einen Bruch mit der Vereinbarung, die man zwischen Publikum und Performern vermuten kann. Die übergeordnete Aufgabe war, sich dem, was passiert, auszusetzen, im Üben nach dem je nächsten Schritt zu suchen und die Zuschauer daran teilhaben zu lassen, ohne diesen Teil repräsentativ aufzubereiten.

In der Wiederholung desselben Textes, mit kleinsten Übernahmen von Haltungen und Bewegungen der Vorgängerin, ist jede immer auch ein Versuch, die andere zu werden, und erscheint aber so, in den ideosynkratischen Unterschieden, die im Vergleich stark werden, als von den anderen getrennte. Der Text überlagert sich jeweils mit der Erinnerung an das Sprechen zuvor und erhält durch Ähnlichkeiten und Unterschiede einen kollektiven Sinn, der keinem Einzelnen zuzuschreiben ist. Man könnte von einem Chor der Einzelnen sprechen, oder von einem solcher „Kollektive, die *ein Effekt der Trennung* zwischen Menschen sind, bei denen der Abstand zwischen getrennt Handelnden einen Freiraum darstellt, durch den die Handlungen sich synchronisieren und in ihren Wirkungen einander unterstützen."[41]

Kritik

> Drei Frauen und ein Mann stehen auf der fast leeren Bühne und klatschen den eintretenden Zuschauern Beifall. Sie applaudieren noch lange weiter, auch als das Publikum sich längst gesetzt hat, das irritiert zunächst und macht dann den Kopf frei. Doch danach kommt nichts mehr. Nur ein paar verschwiemelte, rätselhafte Texte, die nirgendwo hin führen, aber ständig wiederholt werden.[42]

Wie lässt sich eine Aufführung beschreiben, die den Versuch unternimmt, sich einer Beschreibung zu entziehen? Das ästhetische Erlebnis unserer Aufführung lässt sich vielleicht *pixelig* nennen. Es gibt einzelne farbige Punkte, auf die wieder und wieder Farbe aufgetragen wird, es geht um das Farbe Auftragen, weniger um das Bild. Wollte man der Aufführung beschreibend gerecht werden, müsste man eigentlich jedes solche insignifikante Pixel-Ereignis mitprotokollieren. Das Problem, das sich hier stellt, ist eine Entsprechung des Problems zwischen Einzelnem und Kollektiv, das Fatzer gegenüber der von ihm selbst gegründeten Desertionsgemeinschaft hat. Eine typische Beschreibung setzt voraus, dass das Singuläre in dem Ganzen aufgeht, das die Beschreibung konstruiert, genau wie das Kollektiv der Deserteure fordert, dass der Einzelne darin aufgeht und nichts an ihm sei, dass sich dieser Unterordnung widersetzt oder entzieht. Fatzer wirft die Frage nach dem Verhältnis des Einzelnen zu einem Ganzen auf inhaltlicher Ebene auf, unsere Aufführung stellt sie als formale Frage neu. Diese Übersetzung der inhaltlichen Fragestellung in eine Form war der konzeptionelle Dreh- und Angelpunkt unserer Aufführung. Es geht also um Fragen der Repräsentation, der Narrative, um Fragen des Sozialen zwischen uns und den Besuchern einer Arbeit. Es geht um den Versuch, die Art und Weise, wie wir Theater denken und machen, zusammen mit der Art und Weise, wie Theater rezipiert wird, so zu verändern, dass dabei eine ästhetische Praxis entsteht, die selbst einen politischen Raum eröffnet – nicht weil politische Aussagen

41 Van Eikels: Kollektiv, S. 12.

42 Kultur am Sonntag, WDR 3, 21.07.2013. http://www.wdr3.de/buehne/fatzertagemuelheim100.html (Zugriff am 05.01.2014).

getroffen werden, sondern weil sich darin das Politische ereignen kann. Das Politische liegt im Versuch, die Ordnung aufzuheben. Dies erreicht man nicht, indem man einfach Unordnung repräsentiert, sondern indem man etwas tut, das sich nicht einfach einordnen / verstehen / verwerten lässt: eine Lehre ohne Inhalt, ein Üben, das nirgends hinführt, ein Mittel ohne Zweck. Was war eigentlich los?[43] Wir vermuten, hoffen und behaupten, dass sich diese Frage in ähnlicher Weise an das *Fatzer*-Fragment wie an unsere Aufführung richtet. Nicht weil wir wüssten, was „los war" (und es illustriert hätten), sondern weil die Ratlosigkeit und Uneinigkeit, die unsere Aufführung hervorrufen kann, mit der Ratlosigkeit und Uneinigkeit, die *Fatzer* hervorruft, einen gemeinsamen Grund hat.

43 Brecht: Fatzer, S. 477.

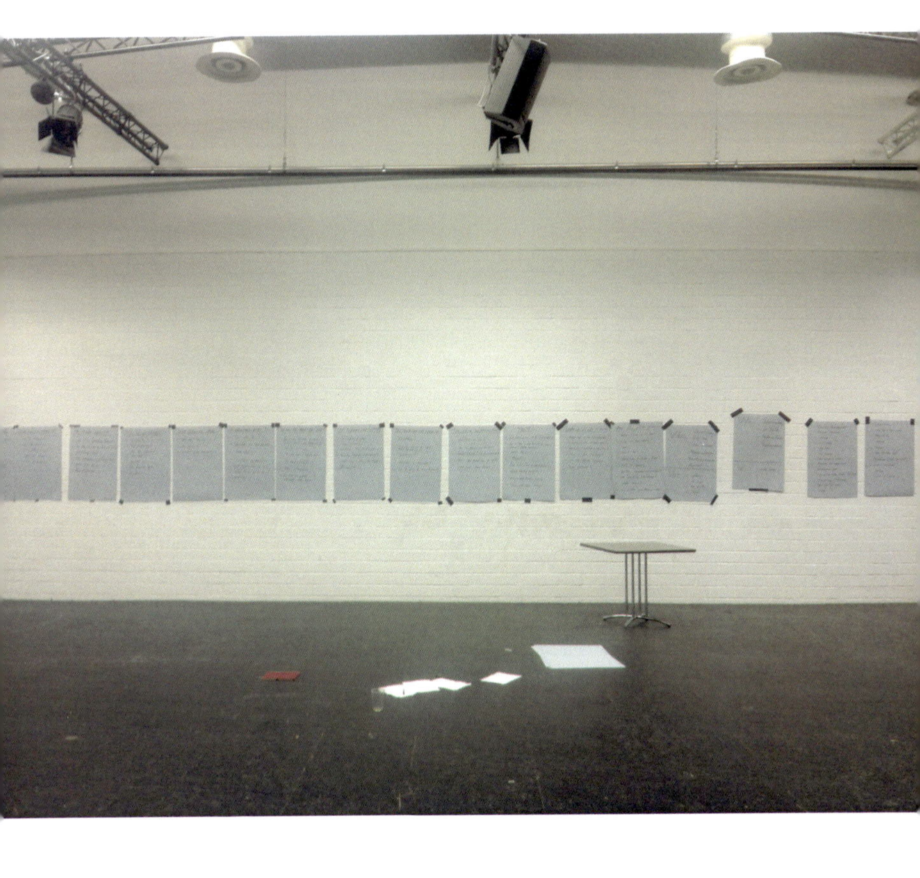

Abteilung T/A/T der EGfKA

FATSA/KOINA: Athen

FATSA (ugs. neugr.): Gesicht
KOINA (altgr.): Gemeinschaften, Gemeinwesen oder Bund

Von und mit Sabrina Apitz, Sten Jackolis, Matthias Kelle, Dafni Sofianopoulou, Olivia Stutz, Florian Thamer, Julian Thamer, Tina Turnheim
Workshopfotos Athen Olivia Stutz
Aufführungsfotos Björn Stork
Premiere 21. Juli 2013, Ringlokschuppen Ruhr

(THEATER)ARBEIT AM WIDERSTAND

Zwischen Verweigerung und Organisation

Abteilung T/A/T der EGfKA / Kompliz_innen

FATSA/KOINA: Athen

Fünf Menschen, unter ihnen FATSA und KOINA, fliehen aus dem (alltäglichen) Krieg im globalen Süden in den reichen und friedlichen Norden. Als mittellose Illegalisierte stranden sie in der fremden Stadt Athen, der Eintrittspforte in die Festung Europa. Doch hier sieht es nicht viel besser aus: Es herrscht Krise. Die Menschen hungern, weil sie sich nichts mehr zu essen kaufen können, sie frieren, weil sie kein Holz haben. In der Gesellschaft rumort es: Demonstrationen, Streiks, Kämpfe. Barrikaden brennen, Steine fliegen. Tränengas und Molotowcocktails. Die Zeichen stehen auf Sturm, es riecht nach Veränderung: *Hier* und *Jetzt* könnte etwas passieren.

Das ist die Hoffnung der Fünf, ihr einziger Ausweg: Der kommende Aufstand, der *alle wirklich* frei und gleich macht. Doch an den Auseinandersetzungen in den Straßen können sie sich nicht beteiligen, zu groß ist die Gefahr, entdeckt und ausgewiesen oder in eines der berüchtigten Lager gesteckt zu werden. Sie müssen unsichtbar bleiben, im Untergrund verharren und auf die Revolution warten, die dann doch (noch) nicht kommt. Die Differenzen auf der Straße und innerhalb der Gruppe werden sichtbarer, die Stimmung bedrohlicher, die Situation für die *Sans Papiers* gefährlicher. Statt der erhofften Revolution zieht die *Goldene Morgenröte* auf. FATSA aber sucht weiterhin das *Loch*, den Ausweg aus den Schützengräben und Kloaken dieser Welt. Anstatt mit den anderen Deserteur_innen im Untergrund am organisierten Widerstand zu arbeiten, will er trotz aller Risiken auf die Straße. Er beharrt auf den aufrechten Gang des Flaneurs, der durch die Passagen geht, obwohl er sich doch nichts kaufen kann. Schließlich weiß er:

> Allen Menschen zugleich gehört die Luft und die Straße
> Frei zu gehen im Strom der Verkehrenden
> Menschliche Stimmen zu hören, Gesichter zu sehen

Muß mir erlaubt sein.[1]

FATSA lässt sich nicht aufhalten, von keinem Argument und von keiner Bitte. Verärgert muss er auf seinem Rundgang einsehen: Solange die (Re)Produktionsverhältnisse auf diese Weise herrschen, wird sich nichts tun. So lange gefickt und (wenn auch schlecht) gefressen wird, schlagen weiter die Armen auf die Ärmsten ein. *Löcher und Kohle* sorgen dafür, dass der Krieg, der sich hier bloß *Kapitalismus* nennt, weitergeht.

Athener Lehrstück

Die Aktualität der durch Brechts *Fatzer*-Material ausgelösten Fragen nach dem Verhältnis des_der Einzelnen zur Gemeinschaft erscheinen durch die geographische Versetzung/Überlagerung von Mülheim und Athen in ihrer ganzen Dringlichkeit: Schließlich zeigt sich gerade in der Peripherie der Festung EU momentan sehr deutlich, wie Krise und Ausnahmezustand (und somit Krieg in einer anderen Form), Rassismus und Abschottung, aber auch alternative Formen solidarischer Gemeinschaftsbildung zusammenfallen. Und dies weist weit über den griechischen Kontext hinaus: Denn – der Leerstand in Mülheim deutet es auf gespenstische Weise an – es könnte nur eine Frage der Zeit sein, bis *Athen* überall ist.

Bewaffnet mit Brechts *Fatzer*-Material und einer mobilen *Bibliothek des Widerstands* ließ sich das ‚FATSA/KOINA: Athen'-Team im März 2013 zur *Einübung* einen knappen Monat lang in einer engen Wohnung im Athener Anarchisten-Viertel Exarchia nieder. Eingeladen von Besetzer_innen des EMBROS-Theaters haben die Kompliz_innen dort mit in Athen ansässigen Schauspieler_innen, Sozialarbeiter_innen, Lehrer_innen und Geflüchteten das *Fatzer*-Fragment als Versuchsanordnung dafür verwendet, kollektive Alternativen des Zusammenarbeitens und -lebens „zur Selbstverständigung"[2] zu erproben. In dieser Zeit entstanden auch die griechisch-sprachigen Chor-Aufnahmen der „Kriegsitzung" sowie das Filmmaterial für den 17-minütigen semi-dokumentarischen „Rundgang durch die Stadt Athen", welcher später mit

1 Bertolt Brecht: *Fatzer*. In: Ders.: Werke. *Große kommentierte Berliner und Frankfurter Ausgabe*, Bd. 10.1. Berlin / Frankfurt am Main: Aufbau / Suhrkamp 1977, S. 387–529, hier S. 489

2 Bertolt Brecht zit. nach Herausgeberkommentar zu Fatzer. In: Bertolt Brecht: *Werke. Große kommentierte Berliner und Frankfurter Ausgabe*, Bd. 10.2. Berlin / Frankfurt am Main: Aufbau / Suhrkamp 1997, S. 1114–1150, hier S. 1120.

griechisch/deutscher Live-Synchronisation in die kollektiv erarbeitete Inszenierung *FATSA/KOINA: Athen* mit einfloss. Diese baut insgesamt maßgeblich auf den Erfahrungen und Diskussionen des Workshops und buchstäblich auf der materiellen Grundlage der in Athen entstandenen Transparente auf. Die Abteilung T/A/T der EGfKA versteht diese Inszenierung als Etappe einer Bewegung, die bereits 2009 in Athen ihren Anfang nahm.[3]

Ästhetik des Widerstands ± Ästhetik des Aufstands

Auf den Erfahrungen des Athener Lehrstücks aufbauend und der fragmentarischen Offenheit des Textes gerecht werden wollend, wurden dann einige zentrale der unzähligen Fragen, die Brecht in seinem Fragment gebliebenen *Fatzer*-Material aufgeworfen hat, herausgearbeitet und in verschiedensten Theateransätzen, vom klassischen Schauspieltheater über epische und performative Darstellungen und chorische Passagen bis hin zu Tanz- und Bewegungstheater, kombiniert mit unterschiedlichen medialen Ausdrucksformen (u.a. Film, Musik, Projektionen, atmosphärischen Soundscapes) collagenhaft ineinander verwoben. Es entstanden neun Kapitel, die durch chorische Kapitelüberschriften und epische Vorwegnahmen des Geschehens zusammengehalten wurden. Auch die Hintergründe der an der Produktion beteiligten Akteur_innen sind höchst divers: Die gleichberechtigte Zusammenarbeit von klassisch ausgebildeten Schauspieler_innen, freischaffenden Performer_innen, Nicht-Schauspieler_innen und (Theater-) Wissenschaftler_innen ermöglichte es, die inhaltlichen Fragen aus vielschichtigen Blickwinkeln heraus zu verhandeln.

Der ästhetische Fokus des (zu Beginn der Inszenierung) düster-reduzierten und abstrahierten Bühnenbildes lag auf der Verwendung von (propagandistischer) Schriftbildlichkeit, von Graffiti und Transparenten bis hin zu Flugblättern unterschiedlichster Ausprägung. Der Raum wird stetig um (Schrift-)Zeichen erweitert und wächst durch die Aufführung hindurch prozesshaft zu einer

3 Von damals an war die Gruppe regelmäßig für mehrere Wochen vor Ort und steht in engem Kontakt mit griechischen Kulturschaffenden und Aktivist_innen. Die beiden Veranstaltungsreihen KRIS€NFEST und EUROPÄISCHE DEPESCHEN entstanden als Akte aktiver Solidarität, um auf sinnliche Weise Denkprozesse anzustoßen, wodurch nicht nur Begegnungs-, Diskussions- und Experimentierräume geschaffen werden sollten, sondern auch langfristig ein Konnektiv von Akteur_innen aus Kunst, Politik und Gesellschaft aufgebaut werden soll (siehe fatsa-koina.org und krisenfest.eu).

bespielten Installation heran, bis am Ende nur noch „Unordnung. Und ein Zimmer / Welches völlig zerstört war […]“[4] bleiben. Dieser szenische Einsatz von Schrift und Papier spiegelt auch Brechts verzettelte Arbeitsweise am *Fatzer*-Fragment wider und leistet seiner Forderung einer „Literarisierung des Theaters“ und „aller öffentlicher Angelegenheiten“[5] Tribut. Zudem ermöglicht uns diese auch, Reflexionen über die eigene Arbeitsweise, welche gleichzeitig allgemeine Fragen über die Möglichkeiten und Grenzen eines politischen Theaters heute sind, offen auf der Bühne zu verhandeln und damit auch auf den Produktionsprozess und die institutionellen Gegebenheiten zu rekurrieren.

Der inhaltliche Schwerpunkt liegt neben dem Topos Flucht/Desertion und der aktuellen Situation in den krisengeschüttelten Peripherien Europas auf einer offen gehaltenen Auseinandersetzung mit Fragen von Verweigerung und Organisation in widerständigem Tun. Ausgehend von Hans-Thies Lehmanns Unterscheidung von *Ästhetik des Widerstands* und *Ästhetik des Aufstands*[6] sowie zahlreichen anderen theoretischen Ansätzen[7] möchte die Inszenierung entlang des *Fatzer*-Materials zur Debatte stellen, ob und inwiefern die Platzbesetzungen und Riots der letzten Jahre als heterogene Ausdrucksformen eines umfassenden, sich konkret höchst unterschiedlich äußernden und doch verwandten Unbehagens an gegenwärtigen Verhältnissen gelesen werden können.

So werden etwa in der Szene „Revolutionsfabrik“ ausführlich tradierte (und oft nach innen gerichtete) kollektive Formen des

4 Brecht: Fatzer, S. 477.

5 Bertolt Brecht: Zu „Die Dreigroschenoper“. In: Ders.: *Werke. Große Kommentierte Berliner und Frankfurter Ausgabe*, Bd. 24. Berlin / Frankfurt am Main: Aufbau / Suhrkamp 1991, S. 56–73, hier S. 58–59. Vgl. zur Literarisierung des Theaters: Michael Wehren: „Das Ganze Stück, da ja unmöglich, einfach zerschmeissen“. Notizen zum *Fatzer*-Fragment und zum *Fatzer*-Projekt des Spinnwerk Leipzig. In: Alexander Karschnia / Michael Wehren (Hrsg.): *Kommando Johann Fatzer. Mülheimer Fatzerbücher 1*. Berlin: Neofelis 2012, S. 192–204, und Alexander Karschnia: Anarchiv Heiner Müller: von der ‚Literarisierung der Bühnen‘ zum ‚Theater des Textes‘. In: Günther Heeg / Theo Girshausen (Hrsg.): *Theatrographie – Heiner Müllers Theater der Schrift*. Berlin: Vorwerk 8 2009, S. 295–311.

6 Vgl. Hans-Thies Lehmann: Ästhetik des Aufstands? Grenzgänge zwischen Politik und Kunst in den neuen sozialen Bewegungen. Vortrag im Rahmen des Festivals foreign affairs (Berliner Festspiele), in Zusammenarbeit mit der Heinrich Böll Stiftung, 10.10.2012. http://www.youtube.com/watch?v=X2KeX-Jp0Ug (Zugriff am 17.01.2014).

7 Vgl. Alain Badiou: *Das Erwachen der Geschichte*. Wien: Passagen 2013, und Michael Hardt / Antonio Negri: *Demokratie. Wofür wir kämpfen*. Frankfurt am Main / New York: Campus 2013.

organisierten Protests dargestellt. Während die anderen Deserteur_innen, getaktet durch ein Metronom, nach einem rotierenden System abwechselnd Flugblätter drucken, schneiden, als „stehende_r Mensch“ vor die Kamera halten oder aufhängen, verweigert FATSA seine Mitarbeit. Die Gruppe aus der Ferne beobachtend verwendet er die schwere, mit revolutionären Schriften vollgepackte Bücherkiste einzig für seine körperlichen Übungen und stellt anklagend fest:

> Was ihr nicht begreift, ist die Mechanik
> Eure ungesunde Lust
> Wie Räder zu sein
> Ich aber will's nicht
> Ich will aufpassen, was sie machen
> Denn
> Es ist Methode drin, die sie nicht kennen
> Ich aber kenn sie
> (Als sie sich säubern wollen für ihren Klassenkampf)
> Trät man ihnen mit einem Stiefel
> In die Visagen, sie merkten's nicht
> Sie haben Visagen wie hornige Hufe
> […] Ich aber
> Will nicht so sein[8]

FATSA will kein Rad sein, auch (oder erst recht) keines der Revolutionsfabrik. Lieber zieht er sich seine Stiefel an und haut ab, „weil da ein Loch ist“[9]. Während die Arbeit in der Revolutionsfabrik, dem Unterschlupf der Geflohenen, trotz FATSAs erneuter Desertion minutiös getaktet weitergeht, bricht auf der Straße tatsächlich der Aufstand aus – und die Wirklichkeit auf die Bühne ein: Bilder aus Paris, Athen, London, Stockholm. Die Gruppe ist irritiert: Nichts als „Anarchie. Verwilderung“[10]. So haben sie sich die Revolution nicht vorgestellt. FATSA jedoch kehrt, euphorisiert durch den Aufstand, an dem er gerade teilgenommen hat, zurück und erkennt: „Jetzt ist vorbei die Zeit des Kriegs, der Unkenntnis“[11], zumal, wie er durchs Megafon verkündet, Ausgeschlossene „aller Völker [an] fangen […] zu begreifen, daß sie zusammengehören und dieser Krieg gegen sie geht“[12]. Doch FATSA bringt nicht bloß Einsichten von der Straße mit: Er schiebt einen Einkaufswagen randvoll mit

8 Brecht: Fatzer, S. 463–464.

9 Ebd., S. 401.

10 Ebd., S. 428.

11 Ebd., S. 475.

12 Ebd., S. 422.

Plündergut, von MacBooks über Turnschuhe bis hin zu Getränken und Schokoriegeln, vor sich her. Nun spaltet sich die Gruppe. Während einer der Deserteure neugierig damit beginnt, die Waren zu inspizieren, Bierdosen an das Publikum zu verteilen, und dieses so zu Kompliz_innen macht, streiten zwei andere Deserteur_innen mit FATSA darüber, ob die Aufständischen Verbrecher oder, wie FATSA behauptet, doch Arme seien, ob plündern wirklich konterrevolutionär und Gewalt immer abzulehnen sei:

> Wir haben gehört, daß es ohne Gewalt geht
> Wer hat euch gesagt, daß es ohne Gewalt geht?
> Die / herrschende Art / hat uns gesagt, daß es / ohne Gewalt geht
> Woran also erkennt man die herrschende Art?
> Daran erkennt man die herrschende Art, daß sie sagt, daß es ohne Gewalt geht[13]

Nach und nach beginnen auch sie damit, das Plündergut untereinander und ans Publikum zu verteilen und sich gegenseitig mit Malox gegen das Tränengas zu wappnen, während FATSA die Wohnung bereits erneut verlassen hat und die letzte Deserteurin sich einen Ballerina-Rock anzieht, roten Lippenstift aufträgt und glitzernde Chuck's umhängt. John Lennons *Imagine* klingt als Verweis auf den Geist von '68 und die Taksim-Besetzung an, eine Diskokugel dreht sich, das Licht ist rot. Während die Bilder der Riots unaufhörlich weiterlaufen, bewahrt die Gebliebene Ruhe und Klarsicht. Sie nimmt das Mikrophon und spricht in die Kamera:

> Und wieder, obwohl von ihm, Fatzer, durchschaut werden diese immer Ausgebeuteten, immer ihrer eigenen Bestimmung Entzogenen, auf dem Marsch Befindlichen in fremde Dinge hineingezogen[14]

Obwohl die restlichen Deserteur_innen nach und nach die Szenerie verlassen, um sich doch auf die Straße zu wagen, beginnt sie, zu der Sound- und Lichtcollage aus den Riots und *Imagine* zu tanzen und dabei einen langen und sperrigen Text aus dem *Fatzerkommentar* bis zur vollkommenen Erschöpfung immer wieder vorzutragen. Sie fragt:

> *Wann ist der Gang des Fatzer durch die Stadt Mülheim eine Wirklichkeit – obwohl kein Mann Fatzer durch die Stadt Mülheim gegangen ist?*[15]

Und gibt, während unzählige Teile des Fragments als Flugblätter und Konfetti auf sie herabfallen, Antwort. Tanzend erklärt sie, dass

13 Brecht: Fatzer, S. 522.
14 Ebd., S. 387.
15 Ebd., S. 516.

neben den Taten, die tatsächlich begangen wurden, auch jene von Bedeutung seien, die hätten getan werden können:

> Wenn nun genügend viele, genügend gute Leute, die genügend aufgeklärt sind, den Gang des Fatzer als wahrhaftig erkannt haben, ist er eine Wirklichkeit wie die Rede für die Beendigung des Krieges unseres Genossen Lenin.[16]

Nicht nur der physisch-psychische Gang zu solchen Erkenntnissen, sondern auch diese selbst sind anstrengend und erschöpfend, zumal sowohl auf den Karneval als auch auf das revolutionäre Fest zumeist ein Kater folgt. Am Ende ihres Monologs liegt sie am Boden eines Zimmers, „welches völlig zerstört ist“[17], inmitten von Unordnung. Aus dem Black heraus erinnert Brecht:

> Die Strafe macht den Verbrecher zum Verbrecher und den guten Mann zum Verbrecher.
> Das Verbrechen macht zum Verbrecher und die Strafe macht auch zum Verbrecher.[18]

Schreiben in Gemeinschaft und als Einzelne_r

Sowohl dem Fragmentcharakter des *Fatzer*-Materials als auch der gewählten Arbeitsweise des spielerischen Versuchens und des gleichberechtigten Zugriffs treu bleibend, wird nun im Folgenden ein Text zur Diskussion gestellt, der nicht von einer Person im Namen aller verfasst wurde, sondern der multiperspektivischen Vielstimmigkeit Rechnung tragen soll. Die Abmachung lautete: Wer möchte, kann einen Teil des Gesamttextes verfassen. Form und Inhalt sind frei wählbar. Angefragt wurden die Teilnehmer_innen des Workshops in Athen und alle aus dem engeren Produktionsteam. Aus Athen liegt ein Beitrag von Gnokpoh (selbstgewähltes Pseudonym) vor. Er berichtet über seine Flucht von der Elfenbeinküste bis nach Griechenland und den anhaltenden Versuchen, sich bis nach Deutschland weiterzukämpfen. Wie Fatzer war auch er Soldat und ist nun permanent auf der Suche nach dem Loch, um den mit offener Gewalt auf sein Leben einwirkenden Verhältnissen zu entkommen.

Dafni Sofianopoulou und Christos Varvantakis rekapitulieren in ihrem Text die alarmierenden politischen und sozialen Auswirkungen der Austeritätspolitik der Troika und zeigen dabei einerseits auf, inwiefern Griechenland zum Experimentierfeld dieser

16 Ebd.
17 Ebd., S. 477.
18 Ebd., S. 523.

Prozesse wurde, verweisen anderseits jedoch auch auf widerständige Praktiken.

Tina Turnheim sucht angesichts dieser Bedingungen nach Orientierung und schließt sich dabei der Fluchtrichtung von Fatzer und seinen Deserteuren an. Einen möglichen Exodus findet sie im besetzten und selbstverwalteten Athener EMBROS-Theater.

Matthias Kelle weist auf Parallelen zwischen Brechts *Fatzer* und Melvilles *Bartleby* hin.

Olivia Stutz denkt über den Arbeitsprozess dieses *Fatzer*-Projekts nach und vergleicht ihn sowohl mit ihren Erfahrungen als Ensemblemitglied an einem deutschen Stadttheater als auch mit jenen, die sie als Schauspielerin in der sogenannten Freien Szene gemacht hat.

Abschließend widmet Sabrina Apitz ihren Text der Untersuchung des Konzepts der Komplizenschaft und überprüft, inwieweit dieses der hier vertretenen Auffassung einer emanzipierten Arbeitsweise entsprechen könnte.

> Dieser Text ist eine vorläufige Abmachung.
> Das Protokoll eines Experiments, das unter Deserteuren seinen Anfang nimmt.[19]

19 Tiqqun: *Theorie vom Bloom.* Zürich / Berlin: Diaphanes 2003, S. 106.

BERICHT EINES GEFLÜCHTETEN I

Gnokpoh[20]

Am schlimmsten ist es nach dem Krieg. Wenn du eine Black Box im Kopf hast, die du loszuwerden versuchst, und du niemandem mehr vertrauen kannst. Schlafen wird zur Phobie. Die Black Box zeigt dir nur noch Gräueltaten in Endlosschleife. Du suchst die Einsamkeit, weil du dich selber hasst, für das, was du getan, und für das, was du nicht verhindert hast.
Und dann dieses Theater-Projekt: Ich dachte wirklich für einen Moment, dass Matze[21] ein ehemaliger Soldat sei. Er hat sich in die Haut eines alten Kämpfers begeben. Ich erkannte mich darin wieder, wie ich nach einer Möglichkeit suchte, rauszukommen.

20 Gnokpoh (bété): 1. Derjenige, der keine Angst davor hat, sich mit dem Unbekannten zu konfrontieren; 2. Der Krieger; 3. Der Integre; 4. Der Streik-Anführer. (Kann als Pendant zum griechischen Odysseus gelesen werden.) Gnokpohs Texte wurden von Tina Turnheim aus dem Französischen ins Deutsche übersetzt.

21 Matthias Kelle als Darsteller des *Fatzer*, Anm. d. Übers.

GRIECHENLAND ALS *LABOR DER KRISE*

Dafni Sofianopoulou / Christos Varvantakis

Athen ist heute das Arschloch Europas – ein Labor des Kapitalismus in der Defensive, ein technokratisch verwaltetes Experimentierfeld des ins Stocken geratenen Triumphzugs des Neoliberalismus. Ohne Rücksicht auf Verluste, auf dem Rücken der Armen und Ärmsten versucht sich ein System des absoluten Exzesses zu rehabilitieren, indem es Strategien der Enthaltung und Sparsamkeit predigt. Die Folgen davon sind in ihrer ganzen Tragweite noch nicht abzusehen – und doch gibt es bereits jetzt zu beobachtende Tendenzen sozialer und politischer Auflösungserscheinungen, die ihre Ursachen eben in jener Austeritätspolitik der letzten Jahre haben.

Die existenzielle Krise des Sozialen – *Eine verlorene Generation*

Schon vor Ausbruch der Krise wurde die Generation der 16–30-Jährigen in Griechenland als die ‚700-Euro-Generation' bezeichnet. Obwohl meist gut ausgebildet, waren die beruflichen Perspektiven vieler junger Menschen von geringem Einkommen und wenig Aussicht auf eine sichere Zukunft geprägt. Diese ohnehin schon prekären Umstände verschärften sich ab 2007 nochmals massiv: Im Zuge der durch die sogenannte Troika (Europäische Kommission, IWF, EZB) geforderten Sparmaßnahmen gab es radikale Streichungen von Arbeitsplätzen, Senkungen der Löhne unter ein das Überleben sicherndes Mindestmaß und drastische Kürzungen der Mittel im Bildungswesen.

Aber nicht ausschließlich junge Menschen waren und sind vom Abbau des Sozialstaats betroffen: Die Renten wurden extrem gekürzt, das öffentliche Gesundheitssystem brach zusammen, wegen des Verlusts der Arbeitsplätze konnten Kredite nicht weiter abbezahlt werden – was vielfach zu Obdachlosigkeit geführt hat –, durch schwindende Kaufkraft bei gleichzeitig steigender Teuerungsrate gingen tausende Betriebe und Geschäfte in die Insolvenz.

Diese Phänomene führten unter anderem zu einer sinkenden Geburtenrate, Auswanderung vor allem junger Menschen und darüber hinaus zu einer enormen Zunahme von Suiziden.

Die Krise der repräsentativen Demokratie –
Neo-Nazis inszenieren sich als soziale Bewegung

Durch die mediale Omnipräsenz der Krise, die eine permanente Bedrohung durch einen fast unausweichlichen Untergang impliziert, fand eine *Monopolisierung* des politischen Lebens statt. Der – durch die Herrschaft per Dekret zu benennende – Ausnahmezustand erlaubte es der griechischen Regierung – unterstützt von der Troika und ungehindert von öffentlicher Diskussion –, die Privatisierung fast aller öffentlichen Vermögenswerte durchzuführen. Die Krise und die damit einhergehende Proklamation von Alternativlosigkeit rechtfertigten scheinbar alle Sparmaßnahmen und Einschnitte im sozialen Sektor.

Da diese Einschnitte aber von einer sehr breiten Masse getragen werden müssen, wurde mehr und mehr das System als Ganzes – und somit die Form der repräsentativen Demokratie – in Frage gestellt. Das allgemeine Gefühl von Ohnmacht begünstigte den Ruf nach harter Hand und Führung, was die Neo-Nazi-Partei Chrysi Avgi (Goldene Morgenröte) gut für sich zu nutzen wusste. Dennoch wäre es falsch, das Phänomen des aufkommenden und erstarkten Neo-Faschismus in Griechenland als natürliche und selbstverständliche Folge der Krise zu betrachten. Dies würde weder die harte politische Linie der EU gegenüber Asylbewerber_innen und Immigrant_innen (Dublin II; Frontex; Finanzierungen für den Bau von Lagern, um Geflüchtete auszugrenzen; etc.) noch den seit jeher tief im griechischen Bildungssystem implementierten Nationalismus berücksichtigen – ein Nationalismus, der stets geschürt wurde, um z.B. enorme militärische Ausgaben zu begründen (siehe die sogenannte türkische Bedrohung).

Das andere Feindbild, welches sich die Neo-Nazi-Partei zu Nutze macht, ist die deutsche Regierung, die als die eigentliche Triebfeder der menschenverachtenden Sparpolitik der Troika angesehen wird. Hier rekurriert man historisch auf die deutsche Besetzung des Landes zur Zeit des Nationalsozialismus und auf die bis heute ausgebliebenen Reparationszahlungen. Allerdings ist diese reaktionäre ‚anti-deutsche' Haltung bei fast allen im Parlament vertretenen Parteien zu beobachten.

Neben der Selbst-Inszenierung als ‚radikale Alternative' zur ‚überholten und funktionsuntüchtig gewordenen' repräsentativen Demokratie generiert sich die Goldene Morgenröte gleichzeitig aber auch als soziale Bewegung. Sie springt ein in die Lücke aus

Sicherheits- und Versorgungsschwierigkeiten, die der kaputtgesparte Staat nicht mehr bewältigen kann: Sie organisiert öffentliche Essensausgaben, Selbstverteidigungskurse für Frauen und Stadtteilfeste oder begleitet ältere Menschen zum Einkaufen und Geldabheben – natürlich gelten diese ‚Sozialleistungen' nur für Griechen!

Hedonismus oder Exodus – *Das Labor besetzen*

Die breite Masse der Bewohner_innen Griechenlands scheint die immer gleichen Wiederholungen von der Ausweglosigkeit der Situation und des „Wir-müssen-da-durch" mittlerweile internalisiert zu haben: „Sie ertragen's."[22]

Dennoch lassen sich vermehrt auch Ermüdungserscheinungen beobachten, die aus der täglichen Konfrontation mit der Krise (im Ökonomischen und im Sozialen) sowie ihrer medialen Omnipräsenz resultieren. Infolgedessen kommt es entweder zu Verleugnungen und Verdrängungen – die nicht selten Züge zynisch-hedonistischer Trotzreaktionen tragen können – oder aber auch zur aktiv-widerständigen Ablehnung dieser sich durch proklamierte Alternativlosigkeit kennzeichnenden Narration. Durch diese Zurückweisung äußert sich das Begehren, über den vorgegebenen Rahmen hinaus zu denken und als Einzelne_r oder im Kollektiv nach dem *Exodus*, dem *Loch* aus dieser erstickenden Situation zu suchen.

22 Dies wurde auch von den Workshopteilnehmer_innen so geäußert, als wir uns mit der „Kriegsitzung" beschäftigten. Vgl. Brecht: Fatzer, S. 482–483.

BERICHT EINES GEFLÜCHTETEN II

Gnokpoh

Dieser Workshop war für mich wie ein Besuch beim Psychiater. Auch wenn du den Leuten dort vertraust, hältst du dich zurück, sofort alles zu erzählen. Aber je öfter du hingehst, desto mehr öffnest du dich, desto leichter wird es dir ums Herz. Diese Workshop-Erfahrung hat mir gezeigt, dass es Menschen gibt, denen es nicht egal ist, wie es den Einwanderern geht.

Als ich meine Geschichte zum ersten Mal erzählt habe, lief es anders: Damals habe ich mit zwei Beamten der griechischen Asylbehörde gesprochen. Als ich fünf Monate später meinen Asylantrag ausgehändigt bekam und mir eine Anwältin dann die Niederschrift dieses Gesprächs übersetzte, musste ich feststellen, dass ich angeblich nach Europa gekommen sei, um Arbeit zu suchen. Kein Wort über den Bürgerkrieg. Damals hatte ich beschlossen, nicht mehr mit denen zu sprechen, die mir angeblich helfen möchten.

EMBROS HEISST VORWÄRTS!
Theater als *Insel der Unordnung*, *temporäre autonome Zone* und *Exodus*

Tina Turnheim

FATZER
[…] Ich mache
Keinen Krieg mehr, sondern ich gehe
Jetzt heim gradewegs, ich scheiße
Auf die Ordnung der Welt. Ich bin
Verloren
MELLERMANN
Ja, gehn wir
NAUKE
Aber in welcher Richtung?
FATZER
Hier nach links. Nicht vorwärts
Nicht zurück, sondern nach links[23]

So viel Brecht im Zuge seiner Überarbeitungen am für ihn unabschließbaren *Fatzer*-Fragment über Jahre hinweg in unterschiedlichen Arbeitsphasen auch verändert hat, schien ihm zumindest die Fluchtrichtung der Deserteure aus dem Ersten Weltkrieg eindeutig: *Nicht vorwärts, nicht zurück, sondern nach links.*

In der nationalistischen Desorientierung des Ersten Weltkrieges wurde die Oktoberrevolution zum Leuchtturm. Fatzer weiß zumindest, wo es lang geht.

Fast hundert Jahre später scheint es so, als ob die Frage *Wohin?* jene des *Was tun?* abgelöst hätte. Nachdem die hegemoniale Auslegung der Geschichte des 20. Jahrhunderts zu dem Schluss kam, dass revolutionäre Veränderungen nur in Verbrechen und Totalitarismus enden könnten, wurde das Ende der großen Erzählungen und nach dem Untergang der Sowjetunion auch gleich jenes der Geschichte ausgerufen. Die Frage, was zu tun wäre, stellt sich unter diesen Bedingungen kaum noch bzw. konfrontiert diejenigen, die sich ihr trotzdem stellen, mit ihrer Ohnmacht. Wenn mittlerweile sogar linke Theoretiker wie Slavoj Žižek dazu aufrufen, nicht zu handeln, sondern lieber erstmal in Ruhe nachzudenken,[24] dann

23 Brecht: Fatzer, S. 394.

24 Slavoj Žižek: Don't Act. Just Think. Videoclip, veröffentlicht am 28.08.2012. http://www.youtube.com/watch?v=IgR6uaVqWsQ (Zugriff am 16.12.2013).

stellen sich umso mehr Fragen nach Ver-Ortung und Orientierung: *Where are we now?* Und daran anschließend: *Whither?*[25] Schließlich entscheidet Orientierung nicht nur im Krieg und auf der Flucht über Leben und Tod, sondern drängt gerade in Zeiten der Desorientierung zum Entwerfen und Erproben einer *morale provisoire*[26], die den Weg durch den Wald oder aus dem Schützengraben weist und so Desertion gut heißen könnte. Aber wohin nur? Wenn es, wie Michael Hardt und Antonio Negri schreiben, im ‚Empire'[27] kein „Außerhalb" mehr gibt, dann wird diese existenzielle Frage von Deserteur_innen und Geflüchteten zu einer Frage, die (auf einer anderen Ebene) jede_n betrifft. Für Franco Berardi folgt daraus, dass Widerstand nur ein von innen nach außen gerichteter Prozess sein kann, der in seiner Form als bloßer Widerstand jedoch selbst überwunden werden muss:

> Wir müssen einen Ort schaffen, der von der kapitalistischen Herrschaft unabhängig ist […] Um über Widerstand hinauszugehen und einen autonomen Ort zu schaffen, müssen wir von innen heraus ein Außerhalb schaffen […] Um dem Spiel der Ökonomie Energie zu entziehen, müssen wir unser Begehren in den äußeren Horizont aus Exodus und temporären autonomen Zonen (TAZs) investieren. Eine Steigerung des Potenzials unserer sozialen Vorstellungskraft ist der einzige Weg, der uns noch bleibt […] Exodus, die Schaffung eines neuen Ortes der Produktion und des Austauschs, die Schaffung einer Zeit, die jenseits von Schuld(en) und Opfer existiert, wird das Mittel zur Errichtung der Autonomie werden.[28]

Ein lebendiges Beispiel für einen solchen Ort ist das selbstverwaltete EMBROS-Theater in Athen, welches im November 2011 nach jahrelangem Leerstand von Künstler_innen und Anarchist_innen besetzt und re-animiert wurde. Seither erfüllt es die Funktion einer „Insel der Unordnung"[29] oder eines „positiven Lochs"[30] im

25 Diese Hamlet'sche Frage stellt Jacques Derrida wiederholt in *Marx' Gespenster*, vgl. Jacques Derrida: *Marx' Gespenster. Der Staat der Schuld, die Trauerarbeit und die neue Internationale.* Frankfurt am Main: Suhrkamp 2004, S. 24, 25, 59, 60, 87.

26 Frank Ruda / Jan Völker: Thesen zu einer kommunistischen Morale Provisoire. Vortrag in der Volksbühne-am-Rosa-Luxemburg-Platz, 25. Juni 2010. http://www.bildton-volksbuehne.de/videos/frank-ruda-jan-völker (Zugriff am 13.12. 2013).

27 Michael Hardt / Antonio Negri: *Empire. Die neue Weltordnung.* Frankfurt am Main: Campus 2002.

28 Franco Berardi: *transverse / transversal*, documenta (13) 100 Notes Nr. 094. Ostfildern: Hatje Cantz 2013, S. 43–46.

29 Heiner Müller: ‚Mich interessiert der Fall Althusser…' Gesprächsprotokoll [1981]. In: Ders.: *Werke*, Bd. 8: Schriften, hrsg. v. Frank Hörnigk. Frankfurt am Main: Suhrkamp 2005, S. 241–246, hier S. 245.

30 Situationistische Internationale: Bedingungslose Verteidigung. In: Dies.: *Der Beginn einer Epoche.* Hamburg: Edition Nautilus 2008, S. 93–95, hier S. 94.

Zentrum jener Stadt, in der sich permanent die zynischen Auswüchse dessen komprimieren, was das sogenannte Krisenmanagement der Euro-Zone und das Dublin II-Abkommen verbrechen. Unter der ständigen Bedrohung stehend, erneut polizeilich geräumt oder geschlossen zu werden, bzw. zur Zielscheibe rechter Gewalt zu werden, ist dieser Ort weit mehr als ein Theater. Er ist als nichtkommerzieller Raum ein Labor für das Erfinden und Erproben anderer Varianten des Zusammenlebens und -arbeitens, buchstäblich Bühne der Gegenöffentlichkeit und gleichzeitig Zuflucht und Zuhause für diejenigen, die ihren bisherigen gesellschaftlichen Platz verloren oder hinter sich gelassen haben.
IN WHICH DIRECTION?, lautete die Frage, die während einer Improvisationsübung unseres Workshops „Face(s) in/of the community, non-citizens, spectres and living/surviving in capitalism" von Teilnehmer_innen auf ein Transparent geschrieben und auf die Außenfassade des EMBROS-Theaters, direkt unterhalb des EMBROS-Schriftzuges, angebracht wurde. Embros bedeutet vorwärts. Und darauf muss erneut beharrt werden.

> FATZER
> […] Und jetzt vorwärts!
> KOCH
> Wohin vorwärts!
> FATZER
> Links! Ihr Arschlöcher![31]

Anders als in den 1960er Jahren könnte der Exodus heute jedoch nicht *aus dem*, sondern *in das* Theater führen und das *Vorwärts* nicht (nur) auf die Straße, sondern (auch) in den Rückzug. Denn Rückzugsverfahren könnten in diesem Sinne eine Methode zur Wiederbelebung werden[32] und temporäre autonome Zonen reale, zeitliche und imaginäre Orte befreien[33], wodurch Distanz zum postpolitischen[34] Diskurs, das (temporäre) Einrichten einer eigenen Zeit und dadurch Reflexion und Imagination überhaupt erst wieder möglich

31 Brecht: Fatzer, S. 405.

32 Vgl. Berardi: *transverse / transversal*, S. 46.

33 Vgl. Hakim Bey: Waiting for the Revolution. In: Ders: *T. A. Z. The Temporary Autonomous Zone, Ontological Anarchy, Poetic Terrorism.* New York: Autonomedia 1985, 1991. Online abrufbar unter http://hermetic.com/bey/taz_cont.html (Zugriff am 16.12.2013).

34 Vgl. Jacques Rancière: Demokratie und Postdemokratie. In: Alain Badiou / Jacques Rancière (Hrsg.): *Politik der Wahrheit.* Wien: Turia + Kant 1997, S. 119–157; Slavoj Žižek: *Die Tücke des Subjekts.* Frankfurt am Main: Suhrkamp 2010, S. 272–281.

werden und so zum sozialen Erproben von Alternativen führen könnten. Exodus und Desertion wären so als politische Handlungen und *offensiver Entzug*[35] zu verstehen, die gerade auch mittels der Methoden des Brecht'schen *Lehrstücks eingeübt* werden könnten.

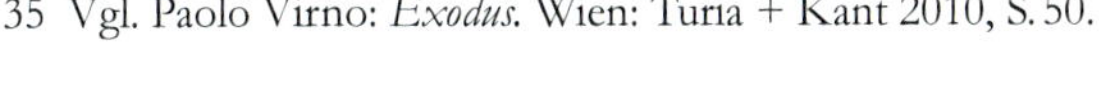

35 Vgl. Paolo Virno: *Exodus*. Wien: Turia + Kant 2010, S. 50.

I WOULD PREFER NOT TO

Matthias Kelle

BERICHT EINES GEFLÜCHTETEN III

Gnokpoh

Im Allgemeinen verlässt man Afrika mit der Hoffnung auf ein besseres Leben in Europa, aufgrund von Krieg oder anderen sozialen Problemen und gibt um die 10.000 Euro für eine solche, meist ungewisse Reise aus.
In Griechenland ist der Alltag schwierig. Nicht nur für die Immigranten, sondern auch für die Griechen. Die Krise ist überall, der Rassismus derart offenkundig – die Polizei schließt beide Augen –, dass ich mich anfangs fragte, ob ich wirklich in Europa angekommen sei.

DEN TAUSCH AUSSCHALTEN, NICHT RECHNEN!
Zwischen Stadttheater und Freier Szene

Olivia Stutz

> Das, was man erreichen will, muss auch
> in der Wahl der Mittel zum Ausdruck kommen.[36]
> (Horst Stowasser: *Freiheit pur*)

Egal, ob sich ein Stadttheater „Aufstand proben“[37], „Demaskierung der Mächtigen“[38] oder „Utopien formulieren“[39] auf die Fahne oder ins Spielzeitheft geschrieben hat, in der Wahl – und vor allem in der Aufrechterhaltung – der Arbeits- und Machtverhältnisse bringt die Institution Stadttheater zum Ausdruck, welcher Gesellschaftsordnung sie sich verpflichtet fühlt: Organisiert in einer quasi-feudalen Struktur, bringt sie neben wenigen Sonnenkönig_innen eine breite Masse von Leibeigenen hervor. Besonders spürbar wird das für künstlerisch Tätige, die den *Normal Vertrag Bühne* zu unterschreiben haben – ein Vertragswerk, welches einen Tiefpunkt der Tarifvereinbarungen in Deutschland darstellen dürfte. Dieser hat unter anderem zur Folge, dass Schauspieler_innen zu Marionetten verkümmern, die dem Willen des Regisseurs oder des Intendanten zu folgen haben.[40] Gerade für junge Schauspieler_innen, die dann gerne unter dem Deckmantel der Kunst zu Lustobjekten degradiert und einem antiquierten Rollenrepertoire ausgeliefert werden, ist die Situation oft untragbar. Vom mageren Gehalt und den befristeten Verträgen, die in den meisten Fällen jährlich kündbar sind, ganz zu schweigen.

Wenn man sich nun in der sogenannten Freien Szene umsieht, so zeigen sich viele der dort herrschenden Probleme oft erst auf den

36 Horst Stowasser: *Freiheit pur. Die Idee der Anarchie, Geschichte und Zukunft*. Hamburg: Edition Nautilus 2007, S. 32.

37 Spielzeitmotto 2012/13 Maxim Gorki Theater. http://www.gorki.de/download/3710/mgt_szh_20122013.pdf (Zugriff am 18.12.2013).

38 „Das heißt: Theater – und die Kunst im Allgemeinen – hat zum Ziel: Empathie mit den Schwachen und Demaskierung der Mächtigen.“ (http://www.berliner-ensemble.de/geschichte (Zugriff am 18.12.2013)).

39 Spielzeitbuch Nationaltheater Weimar 2013.

40 Vgl. *NV Bühne* sowie Rechtsprechung BOSCHG-Nr. 3 und 4, 2001: „Bühnenkünstler sind in fachlicher Hinsicht weisungsgebunden und unterliegen dem sogenannten Direktionsrecht des Regisseurs.“ (http://www.buehnengenossenschaft.de/recht/rechtsprechung#boschg9485 (Zugriff am 18.12.2013)).

zweiten Blick: Vordergründig können freie Produktionen zwar selbst über die jeweiligen Inhalte bestimmen, aber sie bleiben dabei doch abhängig vom Förderwillen der Institutionen. In diesem Wissen werden Anträge dann häufig auf die jeweiligen Förderkriterien hin angepasst. Auch bringt diese sogenannte *Antragskultur* mit sich, dass vom Formulieren eines Konzeptes bis zu dessen Realisation Monate – manchmal sogar Jahre – vergehen können, was Bezugnahmen auf aktuelle Entwicklungen häufig immens erschwert.

Wenn sich dann freie Gruppen in der Wahl ihrer Arbeitsweise nicht nur an den bekannten Modellen des Stadttheaters orientieren, sondern versuchen, emanzipierte und gerechtere Strukturen zu schaffen, begeben sie sich meist – wenigstens finanziell – in sehr prekäre Situationen. Die Dauer der Beschäftigung ist projektbezogen und die Entlohnung in der Regel spärlich. Selbst wenn freie Theaterschaffende in ihrer Arbeit all das mitreflektieren, bleiben die Arbeitsbedingungen leider zumeist ein Spiegel neoliberaler Produktionsverhältnisse und der Grad zwischen Erfüllung und Selbstausbeutung schmal.

Im Bewusstsein all dessen haben wir mit *FATSA/KOINA: Athen* versucht, diese Bedingungen zumindest temporär zu überwinden, indem wir uns ihnen entzogen haben:

Wir haben „den Tausch ausgeschaltet“[41], wir haben uns auf eine wirkliche Begegnung mit den Workshopteilnehmer_innen im besetzten EMBROS-Theater in Athen eingelassen und die Zusammenarbeit und Diskussion im Kollektiv sowie das Nachdenken über eine andere Zukunft und so die Möglichkeiten und Grenzen eines politischen Theaters heute in den Mittelpunkt gestellt. Uns ging es um die Hinterfragung gängiger Methoden der Produktion. Da, wo die herrschende Erzählung mit Vehemenz von Alternativlosigkeit und realistischen Sachzwängen[42] spricht, beharrten wir stur auf den Möglichkeiten, denn wo andere Formen des Zusammenarbeitens erprobt werden, wird auch über andere Möglichkeiten des Zusammenlebens nachgedacht. Dies wollen wir auch und gerade in Bezug auf die derzeitige Situation in Europa: Denn die

41 Vgl. Subrealisten: *Einige Ratschläge für Unzufriedene* (Plakat), München 1981: „Schalte den Tausch in Deinen Beziehungen aus, es erleichtert Deine Hemmungslosigkeit.“

42 Vgl. Mark Fisher: *Kapitalistischer Realismus ohne Alternative? Eine Flugschrift.* Hamburg: VSA 2013.

drohende Auflösung, das Zusammenbrechen und Scheitern, kurz: die Katastrophe der Europäischen Union kann die Bedingung sein für eine neue Idee von Europa, eine Idee nämlich, die „auf gesellschaftlicher Solidarität und nicht auf Wettbewerb basiert."[43] Möglicherweise stellt sich dies alles als „Beginn eines neuen Autonomieprozesses dar, dessen Grundlagen Genügsamkeit statt Akkumulation und Freundschaft statt Konkurrenz sind."[44] Und dies wollten wir auch in unserer Arbeitsweise erproben, indem wir einander begegneten, anstatt zu rechnen:

> Ich bin gegen eure mechanische Art
> Denn der Mensch ist kein Hebel.
> Auch habe ich starke Unlust, einzig zu tun
> von vielen Taten die, welche mir nützlich.
> [...]
> Ihr aber rechnet auf den Bruchteil aus
> Was mir zu tun bleibt, und setzt's in die Rechnung.
> Rechnet!
> Aber ich tu's nicht![45]

In dieser Verweigerung des Rechnens, in einer Geste der *Selbstverschwendung statt Selbstausbeutung*, steckt die große Kraft des *Fatzer*, dieses „Jahrhunderttext[es]"[46] der diesbezüglich den „ganzen" Brecht komprimiert: Die Institutionen, die Gesellschaftsordnung und gewisse Konventionen scheinen zwar übermächtig[47], sie sind aber weder gottgegeben noch Naturgesetz – sie sind somit beeinfluss- und veränderbar[48].

43 Berardi: *transverse / transversal*, S. 46.

44 Ebd.

45 Brecht: Fatzer, S. 495.

46 Heiner Müller: *Krieg ohne Schlacht. Leben in zwei Diktaturen.* Köln: Kiepenheuer & Witsch 1999, S. 309.

47 Vgl. Brecht: Fatzer, S. 483–484 („Chor zeigt die Macht der Kapitalisten").

48 Vgl. ebd., S. 484 („Gegenchor").

BERICHT EINES GEFLÜCHTETEN IV

Gnokpoh

Da die Umstände die Regeln machen, musste ich manche meiner Grundsätze über Bord werfen. Ich habe vier Monate im Gefängnis verbracht, weil ich keine Papiere hatte. Als ich wieder herauskam, brauchte ich Geld, um zu überleben, und auch, um aus diesem Land rauszukommen. Ich möchte nach Deutschland.

Ich fragte andere Einwanderer nach den Möglichkeiten, an Geld zu kommen. Leichte Antwort, sagten sie, entweder du suchst im Müll nach Metall oder du reißt den Frauen ihre Handtaschen weg, beklaust Betrunkene oder verkaufst Gras.

Im Krieg mussten wir auch im Müll wühlen, die Frauen liebe ich zu sehr, als dass ich ihnen Gewalt antun könnte, und da es mir gelegentlich auch passiert, betrunken zu sein, wählte ich die Option, Gras zu verkaufen.

Jedes Mal, wenn ich 700 Euro gespart hatte, habe ich mir einen falschen Pass besorgt und versucht, mit dem Flugzeug nach Deutschland zu kommen. Und immer wurde ich am Flughafen erwischt. Vierzehnmal habe ich es in den letzten zwei Jahren versucht. Für meinen letzten Versuch wählte ich dann den Landweg über den Balkan. Aber wir wurden von den Grenzpolizisten des anderen Landes erwischt und nach Griechenland zurückgebracht.

Nun warte ich auf den Winter, da gibt es weniger Patrouillen.

WORTE, GESTEN, KOMPLIZENSCHAFTEN

Sabrina Apitz

> Kein Führer, keine Forderung, keine Organisation, sondern Worte, Gesten, Komplizenschaften. Gesellschaftlich nichts zu sein ist kein erniedrigender Stand, die Quelle eines tragischen Mangels an Anerkennung – anerkannt von wem? – vielmehr ist es die Bedingung einer maximalen Aktionsfreiheit.[49]

I Komplizenschaft heißt Mittäterschaft

In ihrem von den Unruhen in den französischen Banlieues inspirierten Pamphlet *Der kommende Aufstand* eignet sich das Unsichtbare Komitee den aus dem Strafrecht stammenden Begriff der Komplizenschaft an, um ihn folgendermaßen als Modell für politisches Agieren anzuwenden: „Man [muss] sich zu organisieren wissen […], das Territorium perfekt kennen, eine Sprache teilen und einen gemeinsamen Feind haben."[50] Da Komplizenschaften weder explizite Anführer noch starre Organisationsstrukturen akzeptieren, beruht das Tun auf der Verantwortung aller, was wiederum Vertrauen in die Gruppe und eine hohe Risikobereitschaft aller Beteiligten gleichermaßen voraussetzt, zumal repressive Staatsapparate durch diese Struktur Bedrohung wittern und oftmals mit extrem hohen Strafen und sogenannter ‚Null Toleranz' gegen Kompliz_innen vorgehen und somit diese Zusammenschlüsse kriminalisieren. Brecht weiß:

> Die Strafe macht den Verbrecher zum Verbrecher und den guten Mann zum Verbrecher.
> Das Verbrechen macht zum Verbrecher und die Strafe macht auch zum Verbrecher.[51]

Kompliz_innen suchen einander nicht, sie finden einander: Gesellschaftliches wie persönliches Unbehagen und Begehren nach Veränderung führen sie zusammen. Als autarke Akteur_innen von Bündnissen, welche zwischen Sichtbarkeit und (frei gewählter) Anonymität oszillieren, nehmen sie bewusst Risiken in Kauf.

49 Unsichtbares Komitee: *Der kommende Aufstand.* Hamburg: Edition Nautilus 2010, S. 91.

50 Ebd., S. 38.

51 Brecht: Fatzer, S. 523.

II Vom Kollektiv zum Konnektiv

Die Kulturtheoretikerin Gesa Ziemer prägt in *Komplizenschaft. Neue Perspektiven auf Kollektivität*[52] eine Lesart des Begriffs als einer bestimmten Form von kollektiver Arbeit und Interaktion – sowohl in den Künsten als auch in anderen sogenannten kreativen Arbeitsbereichen. Laut Ziemer basiert Komplizenschaft auf einer *konnektivistischen* Gemeinschaftsvorstellung: Mehr als ein Kollektiv ermögliche ein Konnektiv Verlinkungen zwischen heterogenen Elementen und damit auch überraschende Neuverkettungen, was die Hervorbringung alternativer Realitäten ermögliche. Dabei werde die Bewahrung einzelner Individualitäten nicht abgelehnt, sondern geradezu verlangt und vorausgesetzt, um gemeinsame Ziele zu erreichen.

III Taktik vs. Strategie

Angesichts diffuser Machtverhältnisse, Strategien verwaltender wie subjektivierender Herrschaftsstrukturen und propagierter Alternativlosigkeit, müssen Komplizenschaften sich im Kampf für die Denkbarkeit eines anderen Zusammenlebens Taktiken[53] zurechtlegen, um Veränderungspotentiale aufscheinen lassen zu können: Als Taktiker_innen nämlich sind sie fähig, situativ zu handeln, also

> […] passende Gelegenheiten zu erwischen, unerwartet zu kombinieren und dadurch Risse und Löcher in den Netzen etablierter Systeme zu bilden. […] Taktik als eine spezifische ‚Kunst der Anordnung' ermöglicht aufgrund ihrer kontextorientierten Reaktionsfähigkeit eine hohe Dynamik und das Kreieren neuer Situationen.[54]

Mittels Kontextverschiebungen, Aneignungen und Verfremdungen werden mögliche Potenziale, welche in dem zu erahnenden Vermögen einer spezifischen Dynamik und Kreativität dieser Situationen und Begegnungen stecken, erlebbar. Dies bedarf aber vielfältiger komplizitärer Verbindungen, denn nur wenn sich Komplizenschaften auch anderen Bündnissen gegenüber öffnen und nicht nur in selbstreferentiellen Kreisen aktiv sind, können sie (organisierte) Gegenöffentlichkeiten schaffen. Natürlich sind solche Prozesse – genauso wie auch die Praxis innerhalb einer Komplizenschaft – nie konfliktfrei. Sie behaupten sich als politische Artikulationen gerade

52 Vgl. Gesa Ziemer: *Komplizenschaft. Neue Perspektiven auf Kollektivität.* Bielefeld: Transcript 2013.

53 taktiké (gr.): Kunst der Anordnung und Aufstellung (auf dem Schlachtfeld).

54 Ziemer: *Komplizenschaft*, S. 111.

durch die Verhandlung von Dissens. Denn, wie es Oliver Marchart sehr treffend beschrieben hat: „A public sphere results if and only if a debate breaks out among those standing around."[55]

IV Freie Assoziation und Freundschaft

Als gedanklicher Vorläufer der Komplizenschaft könnte der von Marx und Engels – in Zusammenhang mit den Gründungen englischer Arbeitervereine im 19. Jahrhundert – geprägte Begriff der Assoziation angesehen werden. Assoziationen sind demnach Vereinigungen freier, selbstbewusster Individuen, die ihre Arbeit auf „gemeinschaftliche Rechnung, nach gemeinschaftlichem Plan und unter Beteiligung aller Mitglieder der Gesellschaft"[56] betreiben und somit die Konkurrenz untereinander aufheben. Das Gesamtprodukt ihrer gemeinschaftlich entrichteten Arbeit ist dann ein gesellschaftliches Produkt.[57]

Komplizenschaft bedeutet für uns: Die Bildung einer Assoziation, erweitert um das Element der Freundschaft, diese, angelehnt an Jacques Derridas Begriff der „Politik(en) der Freundschaft"[58], definiert als politischer Freundschaftsbegriff, der nicht auf Identifizierung, sondern auf Differenzierung gründet. Denn in einer Komplizenschaft ist – wie in einer Assoziation – „die freie Entwicklung eines jeden die Bedingung für die freie Entwicklung aller […]."[59]

Ausgehend davon erklären wir unsere Komplizenschaft als ein dauerhaftes Bündnis, welches nicht nur hinsichtlich der Auswahl der Inhalte emanzipatorische Aspekte betont, sondern auch bezüglich der Art und Weise des Arbeitens. Wir reflektieren die Produktionsbedingungen, die uns umgeben, und sind stets bereit, neben den hegemonialen auch die eigenen Strukturen in Frage zu stellen.

Wir haben uns als Kompliz_innen gefunden – in Athen, Berlin, Bochum, Mülheim, Zürich.

55 Oliver Marchart: The Curatorial Function – Organizing the Ex/Position. In: *On Curating* 9 (2011): Curating Critique, S. 43–46, hier S. 43. http://www.on-curating.org/files/oc/dateiverwaltung/old%20Issues/ONCURATING_Issue9.pdf (Zugriff am 01.03.2014).

56 Friedrich Engels: Grundsätze des Kommunismus. In: *Marx-Engels-Werke (MEW)*, Bd. 4. Berlin: Dietz 1974, S. 361–380, hier S. 370.

57 Vgl. Karl Marx: *Das Kapital. Erster Band. MEW*, Bd. 23. Berlin: Dietz 1972, S. 92–93.

58 Vgl. Jaques Derrida: *Politik der Freundschaft*. Frankfurt am Main: Suhrkamp 2002.

59 Karl Marx / Friedrich Engels: *Manifest der kommunistischen Partei*. In: *MEW*, Bd. 4, S. 459–482, hier S. 482.

Bildet Komplizenschaften!

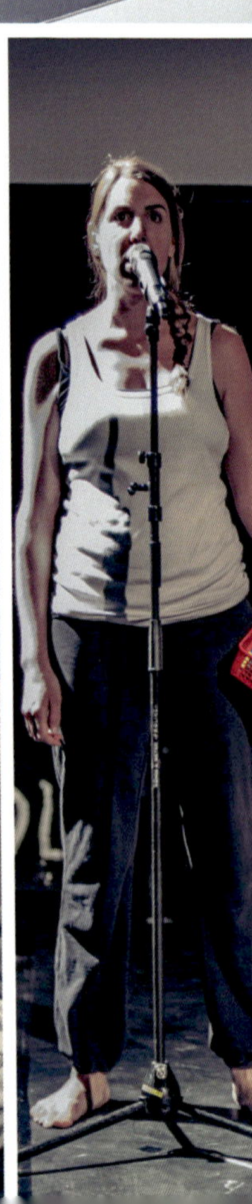

Η ΕΞΕΓΕΡΣΗ ΞΕΚΙΝΑΕΙ ΩΣ ΠΕΡΙΠΑΤΟΣ
Der AUF-STAND be-ginnt als SPAZIERGANG
ΕΞΟΔΟΣ
IN WHICH DIRECTIO
Loch
WHAT KIND OF SOCIETY Do you WANT?

HOW CAN THEATRE BE POLITICAL TODAY?
AN WE, AS ARTISTS
COME TOGETHER
WITH WITHOUT
PEOPLE BEING
BENEFICIARIES OF THE SITUATIO
WE REJECT?
I WOULD
PREFER
NOT TO.
HOW CAN WE, AS ARTISTS
COME TOGETHE
WITH WITHOUT
PEOPLE EING
ENEFICIA
HOW CAN THEATRE
BE POLITICAL TODA

ΕΞΟΔΟΣ
AS ARTISTS
ETHER
ING
ITUATION
THEATRE
BE
PREPA

VERLASS
DEINEN
POSTEN
AS ARTISTS
THER
NG
TUATION
I WOULD
PREFER
NOT TO
HOW CAN THEATRE
BE
AL TODAY
EPARED

VERLASS
DEINEN
POSTEN
S ARTISTS
HER
I WOULD
PREFER
HOW CAN
BE POLIT

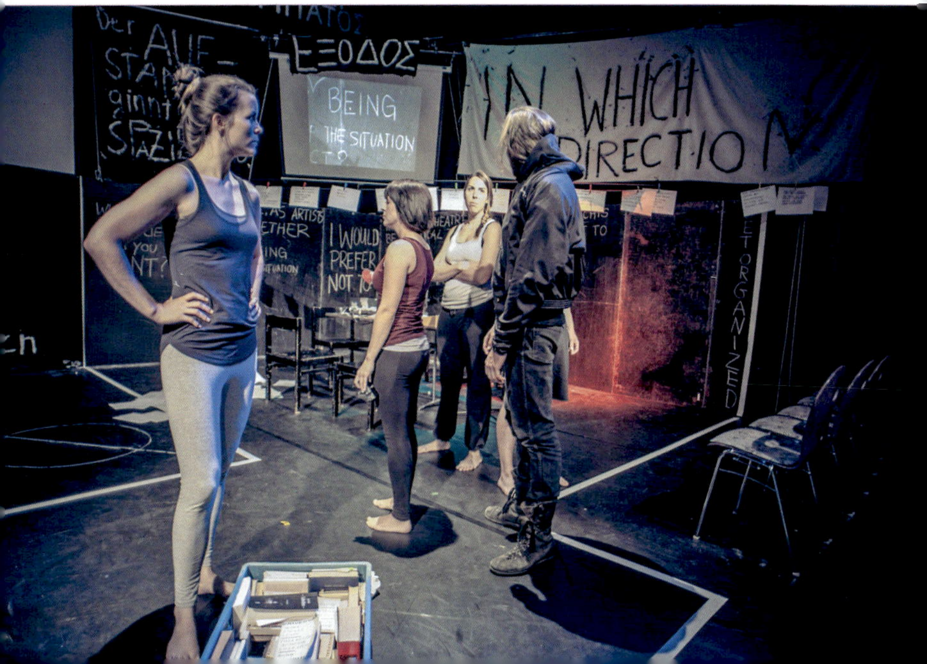

HOW CAN
FIND

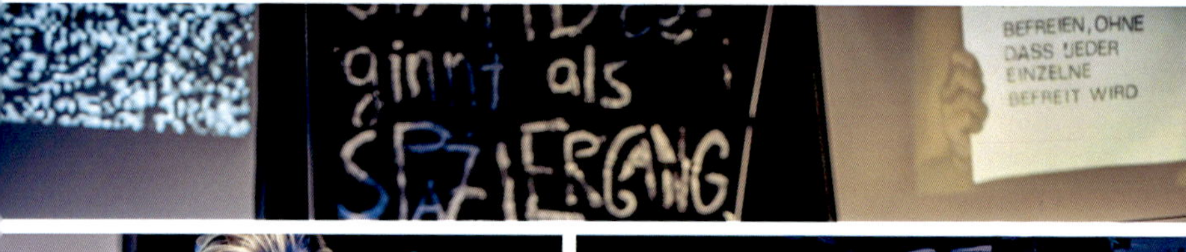
ginnt als
BEFREIEN, OHNE
DASS JEDER
EINZELNE
BEFREIT WIRD

ΕΞΟΔΟΣ
HOW CAN THEATRE
BE POLITICAL TODAY
BE
PREPAR
FIND
SITUATION

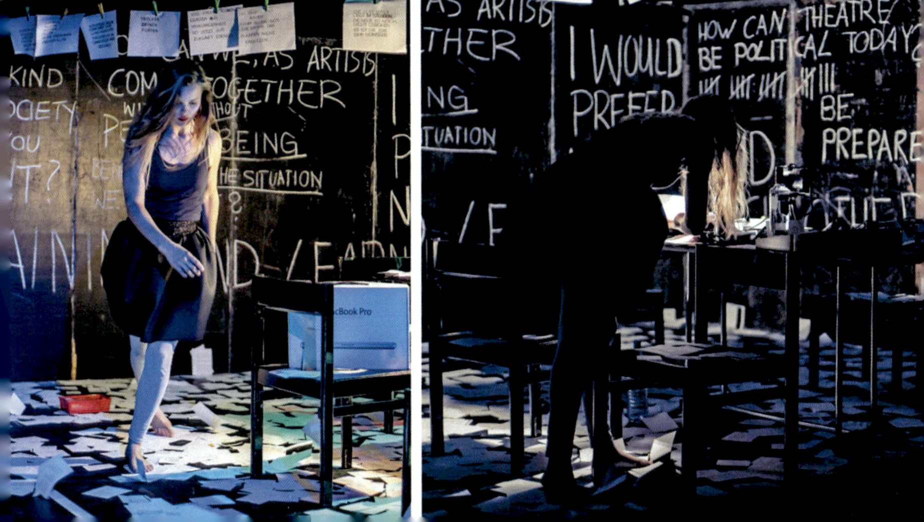

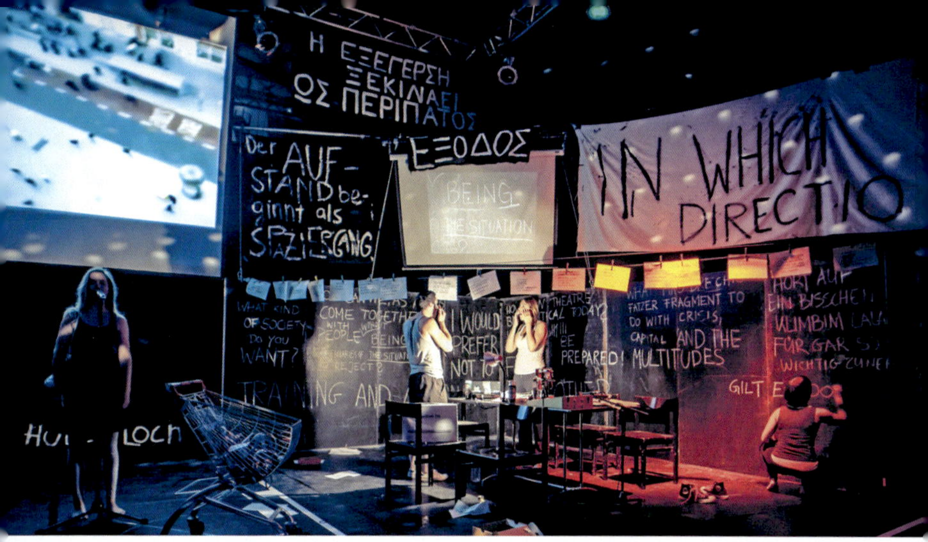
Η ΕΞΕΓΕΡΣΗ
ΞΕΚΙΝΑΕΙ
ΩΣ ΠΕΡΙΠΑΤΟΣ
ΕΞΟΔΟΣ
Der AUF-
STAND be-
ginnt als
SPAZIERGANG
IN WHICH
DIRECTIO
BEING
THE SITUATION
WHAT KIND
OF SOCIETY
Do you
WANT?
COME TOGETHER
WITH
PEOPLE BEING
I WOULD
PREFER
NOT TO
BE
PREPARED!
FATZER FRAGMENT TO
DO WITH CRISIS,
CAPITAL AND THE
MULTITUDES
HÖRT AUF
EIN BISSCHEN
WUMBIM LAL
FÜR GAR SO
WICHTIG ZU NEH
GILT E
LOCH

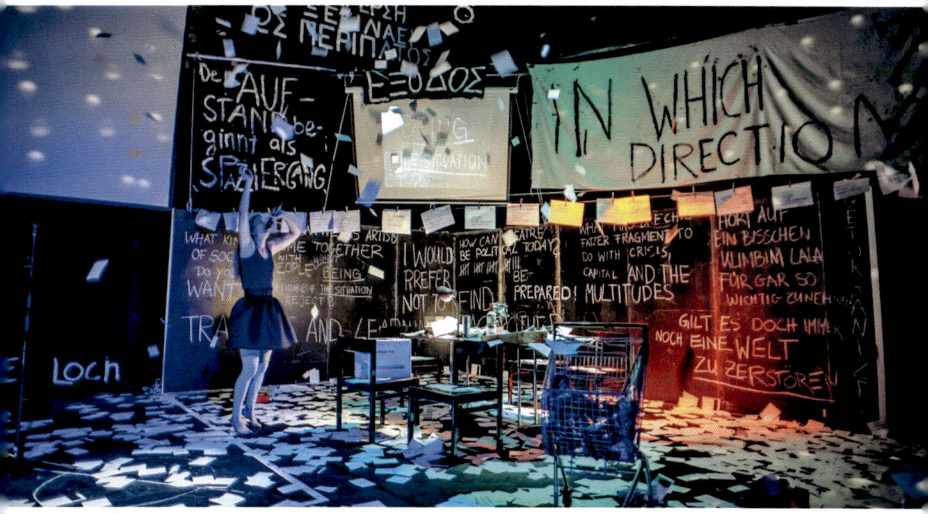
ΩΣ ΠΕΡΙΠΑΤΟΣ
ΕΞΟΔΟΣ
Der AUF-
STAND be-
ginnt als
SPAZIERGANG
IN WHICH
DIRECTIO
THE SITUATION
WHAT KIN
OF SOC
Do yo
WANT
COME TOGETHER
WITH
PEOPLE BEING
I WOULD
PREFER
NOT TO
FIND
HOW CAN
BE POLIT
CAL TODAY
BE
PREPARED!
FATZER FRAGMENT TO
DO WITH CRISIS,
CAPITAL AND THE
MULTITUDES
HÖRT AUF
EIN BISSCHEN
WUMBIM LALA
FÜR GAR SO
WICHTIG ZU NEH
GILT ES DOCH IMMER
NOCH EINE WELT
ZU ZERSTÖREN
Loch

KIND
OCIETY
OU
T?
COME TOGETHER
AS ARTISTS
WITHOUT
BEING
THE SITUATION
acBook Pro

AS ARTISTS
THER
NG
TUATION
I WOULD
PREFER
HOW CAN
BE POLITI
THEATRE
CAL TODAY
BE
PREPARE

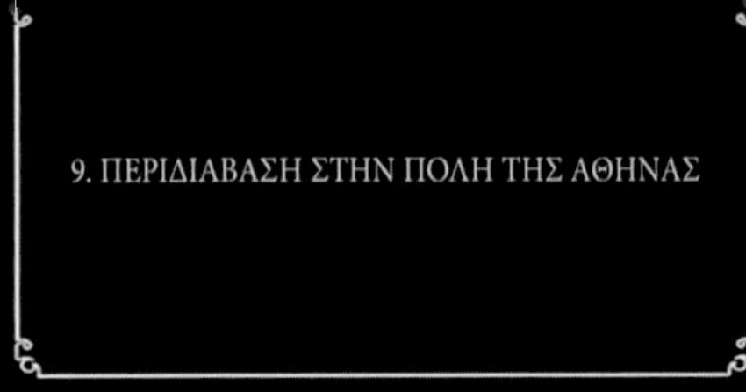
9. ΠΕΡΙΔΙΑΒΑΣΗ ΣΤΗΝ ΠΟΛΗ ΤΗΣ ΑΘΗΝΑΣ

NIKE POLICE
FUCK

sales
29

ΝΕΩΤΕΡΙΣΜΟΙ

ΧΡΥΣΗ ΑΥΓΗ
GRECIA - ROMANIA

24h ATM

KRITIK
KANN ALLERDINGS
DIE KRITIK DER
WAFFEN NICHT
ERSETZEN.
DIE GESELLSCHAFT
KANN SICH NICHT
BEFREIEN, OHNE
DASS JEDER
EINZELNE
BEFREIT WIRD
GEISTER AUS
VERGANGENHEIT
SO JETZT AUS
ZUKUNFT EBENSO
DIE NEUE IST NOCH
NICHT GEBOREN
ES IST DIE ZEIT
DER MONSTER
LANG HANDHABTEN
MACHTEN WIR UNS
GEDANKEN
AS ARTISTS
THEATRE
TODAY?

THEATER DER SORGE

Politisch Politisches Theater machen

Florian Thamer / Tina Turnheim

> Die bürgerlichen Philosophen machen einen großen Unterschied zwischen den Tätigen und den Betrachtenden. Diesen Unterschied macht der Denkende nicht. Wenn man diesen Unterschied macht, dann überläßt man die Politik dem Tätigen und die Philosophie dem Betrachtenden, während doch in Wirklichkeit die Politiker Philosophen und die Philosophen Politiker sein müssen. Zwischen der wahren Philosophie und der wahren Politik ist kein Unterschied. Auf diese Erkenntnis folgt der Vorschlag des Denkenden, die jungen Leute durch Theaterspielen zu erziehen, d. h. sie zugleich zu Tätigen und Betrachtenden zu machen, wie es in den Vorschriften für die Pädagogien vorgeschlagen ist.[1]

> Inmitten der Zerstörungen der anhaltenden Krise müssen wir ein Reich der Sorglosigkeit und daher der Sorge schaffen.[2]

Partizipiert nicht so romantisch (auch nicht an der Selbstreflexion)!

Aktuell bietet das lang und viel umkämpfte Verhältnis von Theater und Politik wieder Anlass für zahlreiche Debatten, zumal sich im Zuge der umfassenden Krisensituation in den letzten Jahren in verschiedensten Formen der Kunstproduktion eine verstärkte Bezugnahme auf politische, soziale und ökonomische Inhalte beobachten ließ, welche meist durch dokumentarische oder partizipatorische Praktiken versuchte, Wirklichkeitsbezüge herzustellen.

Eine viel diskutierte Frage dieser neueren Debatten ist, ob sich durch die vermehrte politische Bezugnahme in den Künsten ein wirklicher Wille zur Veränderung der Gesellschaft offenbare oder ob ihr doch vielmehr ein – paradoxerweise der neoliberalen Antragskultur geschuldeter – Hype um (eine lediglich vorgetäuschte) gesellschaftliche Relevanz zugrunde liege. Als Negativbeispiel hierfür firmiert dann oft die Berlin Biennale von 2012, die zu einer ‚Festivalisierung‘

1 Bertolt Brecht: Fatzer. In: Ders.: *Werke. Große kommentierte Berliner und Frankfurter Ausgabe*, Bd. 10.1. Berlin / Frankfurt am Main: Aufbau / Suhrkamp 1997, S. 387–529, hier S. 524.

2 Franco Berardi: *transverse / transversal*, documenta (13) 100 Notes Nr. 094. Ostfildern: Hatje Cantz 2013, S. 40.

politischer Kunst beigetragen hätte und diese somit gleichzeitig entwerten würde.

Eine solche marktwirtschaftliche Verwertung von Kritik durch Kunstproduktionen könnte laut Helmut Draxler „gesellschaftliche Verhältnisse eher reproduzieren als verändern und vielleicht sogar soziale Ungleichheiten stärker festsetzen als auflösen"[3]. Die Schlüsse, die aus diesen oft äußerst selbstreferentiellen Debatten gezogen wurden, tendierten größtenteils dazu, jegliche inhaltliche politische Auseinandersetzung in den Künsten für naiv und zu kurz greifend zu erklären.[4] Umgekehrt wurden jedoch einzig die Form und Herstellungsprozesse zu den Kriterien einer von inhaltlichen Auseinandersetzungen entleerten, vermeintlich politischen Kunst ernannt. In engem Bezug hierzu stehen auch die Problematiken, die sich aus der künstlerischen Bezugnahme auf bzw. der Zusammenarbeit mit gesellschaftlich Marginalisierten ergeben. Gerade hier ist es für engagierte Kunstschaffende unumgänglich, die eigene Arbeitsweise und Sprecher_innenposition zu reflektieren, gilt es doch zu vermeiden, zu Profiteur_innen der von ihnen angeblich abgelehnten Verhältnisse zu werden. Dabei wäre das ganze Problem, wie René Pollesch es in einem von Donna Haraway geborgten Satz in einem anderen Zusammenhang erklärt, so einfach zu lösen: „,Wir müssen mit jemandem reden und nicht für jemanden!'"[5] Und *mit jemandem reden* könnte Lehrstück oder besser, wie von Brecht später selbst korrigiert, „Lernstück"[6] heißen, zumal dieses, unserer Auffassung nach, nicht nur eine Waffe gegen das Gespenst der Handlungsohnmacht generierenden Selbstkritik sein könnte,

3 Helmut Draxler: Der Habitus des Kritischen – Über die Grenzen reflexiver Praxis. http://eipcp.net/transversal/0308/draxler/de (Zugriff am 10.03.2014). Eine relativierende Gegenposition hierzu nimmt Oliver Marchart ein, vgl. Oliver Marchart: Die Ironie der Biennalisierung. http://www.igbildendekunst.at/bildpunkt/bildpunkt-2012/eventisierung/marchart.htm (Zugriff am 10.03.2014).

4 Zur Überwindung dieser nicht nur problematischen, sondern auch lähmenden selbstreflexiven Kritik ruft etwa Armen Avanessian auf. Vgl. Armen Avanessian: Krise – Kritik – Akzeleration. In: Ders. (Hrsg.): *#Akzeleration*. Berlin: Merve 2013, S. 71–77.

5 René Pollesch: Dialektisches Theater now! Brechts Entfremdungs-Effekt. In: Ders.: *Liebe ist kälter als das Kapital. Stücke, Texte, Interviews*. Reinbek: Rowohlt 2009, S. 301–305, hier S. 302.

6 Zu Brechts Verwendung des Begriffs „learning play" in der Emigration vgl. Reiner Steinweg (Hrsg.): *Brechts Modell der Lehrstücke. Zeugnisse, Diskussionen, Erfahrungen*. Frankfurt am Main: Suhrkamp 1976, S. 140.

sondern auch gegen jenes des im gegenwärtigen kapitalistischen Realismus[7] herrschenden Fatalismus.

Unsere folgenden Überlegungen haben ihren Ausgangspunkt in eben diesem viel diskutierten und umkämpften Feld von Theater und Politik und stellen den Versuch dar, das Modell eines politischen Theaters auf der Höhe der Zeit zur Diskussion zu stellen, welches durch radikal emanzipatorische Lernpraxis in der Lage sein könnte, nicht nur über das Bestehende hinausgehende politische Vorstellungskraft anzuregen, sondern diese Vorstellungen auch in *präsentischen* Prozessen zu erproben. Dafür möchten wir durch die Beschäftigung mit Konzeptionen von Sorgearbeit, Exodus und konstituierenden Prozessen untersuchen, inwieweit diese in Verbindung mit Brechts Lehrstücktheorie als Instrumente zur Postulierung einer neuen Praxis des Theaters, welche wir in Folge *Theater der Sorge* nennen werden, brauchbar sein könnten.

Von Küchen, Platzbesetzungen und Probebühnen

Der Begriff der sozialen Reproduktion entstammt der marxistischen Tradition und beinhaltet einerseits die für die biologische Wiederbelebung oder Herstellung der menschlichen Arbeitskraft notwendige Fürsorgearbeit und andererseits die Reproduktion der sozialen und kulturellen Werte von Gesellschaften[8] und ist vor allem durch die internationale „Lohn für Hausarbeit"-Kampagne[9] in den 1970er Jahren breiter wahrgenommen worden.[10] Die Forderung eines Lohns für Hausarbeit mag auf den ersten Blick paradox klingen, da sie das aus marxistischer Sicht abzulehnende Verhältnis der Lohnarbeit nicht nur anzuerkennen, sondern auch festzuschreiben scheint. Maßgeblich für das Verständnis dieser Forderung ist die Verflechtung entscheidender Protagonist_innen dieser Kampagne

7 Vgl. Mark Fisher: *Kapitalistischer Realismus ohne Alternative? Eine Flugschrift.* Hamburg: VSA 2013.

8 Vgl. Bettina Haidinger / Käthe Knittler: *Feministische Ökonomie.* Wien: Mandelbaum 2014, S. 109.

9 Vgl. Kitchen Politics – Queerfeministische Interventionen (Bini Adamczak, Mike Laufenberg, Felicita Reuschling, Sarah Speck, Chris Tedjasukmana): Einleitung oder: Anleitung zum Aufstand aus der Küche. In: Silvia Federici: *Aufstand aus der Küche. Reproduktionsarbeit im globalen Kapitalismus und die unvollendete feministische Revolution.* Münster: Edition Assemblage 2012, S. 6–20.

10 An dieser Stelle gilt es anzumerken, dass das Verhältnis Feminismus-Marxismus nicht arm an Konflikten ist und diese Kampagne teilweise vehement von männlichen Marxisten angegriffen wurde, zumal sie selbst auf einen blinden Fleck bei Marx hinweist.

sowohl mit den Erfahrungen des antikolonialen Kampfes als auch mit jenen des italienischen *Operaismo*. Letzterer forderte eine Rückkehr zu Marx, um den grundlegenden Antagonismus von Kapital und Arbeit in den Mittelpunkt zu rücken und primär von den sozialen Kämpfen auszugehen. Durch die Desertion der Arbeiter_innen aus den Fabriken und den Kampf um immer höhere Löhne sollte das System der Lohnarbeit, indem es unrentabel werden würde, selbst angegriffen werden. Für Feminist_innen wie Silvia Federici gibt sich dieser Angriff auf das im Lohn verkörperte kapitalistische Verhältnis

> im Fall der nicht Entlohnten […] noch deutlicher als Angriff auf das Kapital zu erkennen. Lohn für Hausarbeit bedeutet, dass das Kapital die ungeheure Menge an sozialen Dienstleistungen bezahlen muss, die Arbeitgeber_innen heute noch – und zwar auf unsere Kosten – einsparen können. Wichtiger noch: Lohn für Hausarbeit bedeutet, dass wir uns weigern, unsere Arbeit als biologisches Schicksal zu akzeptieren […].[11]

Anders als in der bürgerlichen Frauenbewegung ging es den Verfechter_innen dieser Kampagne eben auch nicht darum, Frauen den Zugang zu Lohnarbeit zu erkämpfen bzw. zu sichern, um sie so primär (finanziell) unabhängig zu machen, da dies als weiteres Ausbeutungsverhältnis und weitere Beraubung von Zeit erkannt wurde, die etwa politisches Engagement oder andere selbstbestimmte Tätigkeiten neben der weiterhin vorhandenen Reproduktionsarbeit zusätzlich erschweren würden. Rückblickend lässt sich mit Angela Mitropoulos zusammenfassen:

> Die fordistische Unterscheidung zwischen Arbeitszeit und Freizeit wurde ermöglicht durch unbezahlte Hausarbeit; die Herausbildung des Wohlfahrtsstaates wurde garantiert durch die kolonialen Formen der Akkumulation, Gewalt und Krieg. Der viel gefeierte Protektionismus der Sozialdemokratie wurde ermöglicht durch Gesetze und Praktiken, die ebenso nationalistisch wie sexistisch waren[.][12]

Worin besteht nun aber der Zusammenhang dieser feministisch-marxistischen Debatte aus den 1970ern, welche größtenteils eine Auflehnung gegen das Arbeits- und Geschlechterregime des Fordismus war und durch ihre operaistische Kritik und Ideen auch zur Entwicklung des Post-Fordismus beitrug, mit einer politischen

11 Silvia Federici: Counter-Planning from the Kitchen (1974). In: Dies.: *Aufstand aus der Küche*, S. 106–127, hier S. 122.

12 Angela Mitropoulos: Von der Prekarität zum Risikomanagement und darüber hinaus. In: Isabell Lorey / Roberto Nigro / Gerald Raunig (Hrsg.): *Inventionen 1*. Zürich: Diaphanes 2011, S. 57–71, hier S. 58.

Theaterarbeit unter den gegenwärtigen Bedingungen der *fabbrica diffusa*[13]?

Zum einen erfährt die kritische Auseinandersetzung mit der Reproduktionsarbeit im Kontext der queer-feministischen Theorie als *Care*-Arbeit oder *Care*-Ökonomie[14] gerade momentan – während das immanent-krisenhafte kapitalistische System durch eine besonders starke Krise theoretisch vor der Gefahr steht, sich nicht selbst reproduzieren zu können – eine Wiederkehr. So könnte etwa der folgende Auszug aus Federicis berühmtem, erst kürzlich ins Deutsche übersetztem Text *Counter-Planning from the Kitchen* aus dem Jahr 1974 auch unter den momentanen Bedingungen verfasst worden sein – zumal gerade in den krisengeschüttelten Ländern im Süden Europas beispielsweise Scheidungen finanziell kaum noch möglich sind und in den krisengewinnenden Staaten vielfach Sicherheit und Selbstverwirklichung wieder verstärkt in der Gründung einer Familie zu generieren versucht werden:

> Es gehört zum Wesen kapitalistischer Ideologie, die Familie als ‚private Welt' zu glorifizieren, als letzten Freiraum, wo Männer und Frauen ihre ‚Seelen am Leben erhalten', und es ist auch kein Wunder, dass sich diese Ideologie heute, in Zeiten der ‚Krise', der ‚Austerität' und der ‚Not', bei den kapitalistischen Planern neuer Beliebtheit erfreut. […] Diese Ideologie, die […] die produktive der unproduktiven Arbeit entgegenstellt, ist funktional für unsere Versklavung an den Haushalt, die in Abwesenheit des Lohnes stets als Akt der Liebe erschienen ist.[15]

Einem um Bedeutung und Wirkmächtigkeit erweiterten *Care*-Begriff geht es neben der Sichtbarmachung der bisher nicht als wertschöpfend anerkannten Reproduktionsarbeit auch darum, die

13 Vgl. Isabell Lorey / Roberto Nigro / Gerald Raunig: Biopolitik. In: Dies. (Hrsg.): *Inventionen 2.* Zürich: Diaphanes 2012, S. 188–192, hier S. 189: „Die Geschichte des Postfordismus liegt in diesen Kämpfen, in diesem Widerstand, in dieser Verweigerung. Eine neue arbeitende Klasse entstand, ein neuer Klassenzusammenhang wurde geboren. Die Produktion fand nicht mehr nur in den Fabriken statt, sondern in der ganzen Gesellschaft. Die ganze Gesellschaft wird zur Fabrik."

14 Bei der Verwendung dieser Begriffe soll darauf hingewiesen werden, dass sie nicht unumstritten sind. Es gibt vermehrt Diskussionen darüber, ob sich erstens tatsächlich alle Reproduktionsarbeiten als Sorgearbeiten charakterisieren lassen und zweitens, ob die Kritik der Verfechter_innen einer sog. *Care-Revolution* nicht zu kurz reiche, wenn sie im Beschönigen der Vorteile des Wohlfahrtsstaates verharre. Vgl. Haidinger / Knittler: *Feministische Ökonomie.* Die Autorinnen kritisieren in ihrem Buch unter Bezug auf Frigga Haug ausdrücklich einen reformistischen *Care*-Begriff, dessen Standpunkt nicht jener einer befreiten Gesellschaft, sondern der einer „‚innerkapitalistischen Reformpolitik'" (ebd., S. 112) sei.

15 Federici: Counter-Planning from the Kitchen, S. 118–119.

Zentralstellung der Sorge als Grundbedürfnis aller sozialen Beziehungen zu erreichen, da sie als Schaffung von sozialer Infrastruktur gedacht „empathische Aufmerksamkeit, aktive Anteilnahme und in ihrer überschießenden Form Solidarität und [...] Verbundenheit, die sich konkret in kollektiven Formen des Communen konstituieren kann [...]"[16], ermöglicht. Sorgearbeit kann so subjektive Energie intensivieren, da sie den Blick „auf die soziale Gewordenheit, auf die Gemachtheit der gegenwärtigen Verhältnisse, auf deren Historie und damit Veränderlichkeit"[17] hin öffnet. Während im Anschluss an die Erfahrungen der Platzbesetzungen der letzten Jahre und die anhaltenden Solidarbewegungen immer häufiger über einen politischen Begriff von Liebe und darüber, wie Sorgearbeit soziale Bewegungen materiell durch die Schaffung einer Infrastruktur stärkt und somit ihre konstituierenden Prozesse auf Dauer stellen könnte, nachgedacht wird, möchten wir hier zunächst flüchtig auf die strukturellen Gemeinsamkeiten von Sorge- und Theaterarbeit hinweisen.[18]

„Sie nennen es Liebe. Wir nennen es [...] Arbeit."[19]

Bei beiden Arten von Arbeit handelt es sich um nicht bzw. schlecht automatisierbare Arbeit, die mit dem eigenen Körper mit/für gleichzeitig anwesende(n) Körper(n) hervorgebracht wird, ohne dabei weder ein dauerhaftes noch ein unmittelbar materielles Produkt herzustellen. Als prekäre Arbeiten schwanken beide zwischen „merkwürdigen Symmetrien", sind „öffentlich und privat zugleich" und lassen „die Unterscheidung zwischen Arbeits- und Lebenszeit verschwimmen".[20] Es handelt sich um Formen affektiver[21] und

16 Walter Winter: Care, Sorge, Für-Sorge: 5 Thesen. In: *grundrisse* 47 (2013), S. 7–14, hier S. 7.

17 Ebd., S. 13.

18 Wir wagen den Hinweis auf diese partiell geteilten strukturellen Parallelen, ohne dabei die vielen katastrophalen, sklavenhaften, eben meist nicht freiwilligen Ausbeutungsverhältnisse auf globaler Ebene im Bereich der Reproduktionsarbeit relativieren zu wollen.

19 Silvia Federici: Wages Against Housework. In: Dies.: *Revolution at Point Zero. Housework, Reproduction and Feminist Struggle.* Oakland / New York: PM Press / Common Notions 2012, S. 15–22, hier S. 15. („They say it is love. We say it is unwaged work.")

20 Mitropoulos: Von der Prekarität zum Risikomanagement, S. 57.

21 Vgl. Sandro Mezzadra: Taking Care: Migration and the Political Economy of Affective Labor. Vortrag an der Goldsmiths University of London – Center for the Study of Invention and Social Process am 16.03.2005. http://caringlabor.wordpress.com/2010/07/29/sandro-mezzadra-taking-care-migration-and-the-political-

relationaler Arbeit, die nicht nur zur (Re)produktion der Arbeitskraft, sondern auch von kulturellen Werten führt und nach wie vor größtenteils von Frauen und queeren Menschen in prekären Beschäftigungsverhältnissen verrichtet wird.[22] Wie für *Care*-Arbeiter_innen stellt es auch für Theaterarbeiter_innen (gerade in der sogenannten *Freien Szene*) kaum eine Option dar, für bessere Arbeitsbedingungen oder Entlohnung zu kämpfen, da die Betroffenen oft ihre eigenen prekären Chefs sind, die Arbeitsverweigerung die ‚Falschen' treffen würde und zudem die entsprechenden Arbeiten eben nicht direkt als wertschöpfend anerkannt werden. Dies geht soweit, dass Theaterarbeit, die nur in den seltensten Ausnahmefällen finanziell gewinnbringend ist, oft eben nicht als Arbeit, sondern als Spiel, Selbstverwirklichung, Hobby oder gar als ‚Liebe' (zum Theater) aufgefasst wird. Anders etwa als bildende Künstler stellen Theaterschaffende kein auf dem Markt verdinglichtes verkaufbares Werk her, welches nach der Aufführung bestehen bleibt oder gar an Wert gewinnen könnte. Das dem Werkbegriff zugrundeliegende Denken von Autorschaft lehnen viele in der ‚Freien Szene' arbeitende Kollektive ohnehin längst ab. Dennoch produzieren sie kognitives Kapital[23] und tragen beachtlich zum *general intellect* bei.

Durch die bekannte „Künstlerkritik"[24] vielgescholten und zum *role model* für das neoliberale Subjekt[25] ernannt, birgt diese Einschätzung

economy-of-affective-labor/ (Zugriff am 06.02.2014). Vgl. Michael Hardt / Antonio Negri: *Multitude. War and Democracy in the Age of Empire.* New York: Penguin 2004, S. 108–115, sowie Silvia Federicis Kritik an Hardt / Negris Theorie affektiver Arbeit aus feministischer Perspektive: Silvia Federici: Über affektive Arbeit. In: Felicita Reuschling / Kunstraum Kreuzberg Bethanien (Hrsg.): *Beyond Reproduction / Mothering.* Ausstellungskatalog. Berlin: Revolver 2011, S. 14–20.

22 Dabei beziehen wir uns in erster Linie auf die ‚Freie Szene', wobei auch in Staats- und Stadttheatern der größte Teil der unsichtbaren Arbeiten von Frauen und queeren Menschen verrichtet wird. Nur die Leitungspositionen sind in institutionalisierten Theatern männlich dominiert.

23 Vgl. Christian Marazzi: *Sozialismus des Kapitals.* Zürich: Diaphanes 2012.

24 Vgl. Luc Boltanski / Eve Chiapello: *Der neue Geist des Kapitalismus.* Kostanz: UVK 2003. Vgl. auch Rancières Kritik an der „Künstlerkritik": Jacques Rancière: Die unglücklichen Abenteuer des kritischen Denkens. In: Ders.: *Der emanzipierte Zuschauer.* Wien: Passagen 2009, S. 35–62.

25 Während staatlich subventionierte Theater regelmäßig in medialen Debatten als ‚Vernichter von Steuergeldern' – die sich Kulturnationen jedoch auch zu leisten hätten – angegriffen werden und mittlerweile über Städte hinweg auf Kosten der künstlerischen Qualität Bühnen im Namen der ‚Marktwirtschaftlichkeit' zusammengelegt werden und seit Jahren besonders im Osten Deutschlands viele Theaterhäuser von der Schließung bedroht sind, gibt es mittlerweile auch innerhalb

der eigenen „Lage und Verwendung“[26] aber eine zu neuer Handlungsmacht verhelfende Orientierung, welche unter Bezugnahme auf das oben skizzierte erweiterte Verständnis des *Care*-Begriffes unseren Überlegungen zu einem *Theater der Sorge* als Startpunkt dienen soll.

Möglichkeitsraum Theater – Exodus aus dem Fatalismus

Obwohl Kapitalismuskritik spätestens im Zuge der anhaltenden Krise zum Massenphänomen geworden ist, auf das, wie eingangs hingewiesen, auch kaum eine Kunstproduktion mehr verzichten zu wollen/können scheint, führen die Kombination von Desillusion und Erschöpfung nach wie vor zu einem geistigen Fatalismus, der nun selbst nicht nur zum größten Hindernis wirklicher sozialer, politischer und ökonomischer Veränderung wurde, sondern auch dem Neoliberalismus dazu verhilft, sich zu reproduzieren. Wie Sam Gindin kritisiert, verfallen auch Intellektuelle und Aktivist_innen diesem *Gespenst des Fatalismus*, indem sie den Kapitalismus immer noch für die einzige Möglichkeit halten und die immanenten Widersprüche dieses Systems nicht als solche erkennen, sondern stattdessen die Gier und das Versagen von Einzelpersonen anprangern würden.[27] Dabei erläutert Marx bereits im Vorwort zum *Kapital* seine Zeichnung der „Gestalten von Kapitalist und Grundeigentümer“ in einer dieser Personalisierung entgegenstehenden Sicht und Sprache, welche später auch von Brechts materialistischem Theater geteilt werden wird:

> Aber es handelt sich hier um Personen nur, soweit sie die Personifikation ökonomischer Kategorien sind, Träger von bestimmten Klassenverhältnissen und Interessen. Weniger als jeder andere kann mein Standpunkt […] den

der Theaterszene einen Spaltungsversuch, der darin besteht, in der ‚Freien Szene‘ arbeitende Theaterschaffende als Selbstausbeutungszombies einer „Avantgarde des postmodernen Kapitalismus“ zu bezeichnen, selbstverständlich ohne die eigenen hierarchischen Arbeitsbedingungen und die Rolle der Staats-/Stadttheater für das *nation building* zu reflektieren. Vgl. dazu Bernd Stegemann: *Kritik des Theaters*. Berlin: Theater der Zeit 2013, und die kritische Antwort darauf von Alexander Karschnia in seiner Rede auf dem Branchentreff der freien darstellenden Künste 2013 des Performing Arts Programms Berlin: http://www.andco.de/index.php?context=media§ion=texts_theory_theatre&id=7506 (Zugriff am 10.03.2014).

26 Brecht: Fatzer, S. 476.

27 Vgl. Sam Gindin: Art in the Age of Fatalism. https://www.jacobinmag.com/2013/12/art-in-the-age-of-fatalism (Zugriff am 10.03.2013).

einzelnen verantwortlich machen für Verhältnisse, deren Geschöpf er sozial bleibt, sosehr er sich auch subjektiv über sie erheben mag.[28]

Doch die Verlagerung von Schuld auf Individuen bleibt angesichts der bleiernen Narration der Alternativlosigkeit einfacher als das Erträumen, das tatsächliche Entwerfen oder auch nur das Beharren auf gesellschaftlichen Alternativen über die personalisierte Ebene hinaus, denn dies „[is] always intimately related to and limited by what we consider possible"[29]. Eben an diesem Punkt eröffnet das Theater Brechts eine politische Vorstellungskraft – wie Gindin in seinem Text differenzieren auch wir hier noch nicht zwischen epischem Theater und Lehrstück –, indem es gleichzeitig sozioökonomische Strukturen und Machtverhältnisse ausstellt und sich durch das Ausloten von Möglichkeitsräumen dem Fatalismus entgegenstellt:

> The theater of Brecht seems to appropriate to our times because it challenges his audience to directly confront the issue of fatalism. Brecht's uncompromising starting point is that if we accept the social structures of capitalism, we are indeed left with the limited choices that undermine meaningful human agency. His technique of simultaneously engaging yet distancing the audience is intended to deny us the comfort of either romanticizing events or resolving, within the theater, the dilemmas posed […] Brecht is concerned to encourage the feelings and thoughts that go beyond this and look to transforming those very parameters. Art then becomes a weapon against fatalism.[30]

Im *Fatzerkommentar* setzt sich Brecht mit genau dieser Schaffung von Möglichkeitsräumen durch die Beobachtung und Einnahme bestimmter Haltungen und Gesten auseinander: Die Frage, wann der Gang des Fatzer durch die Stadt Mülheim eine Wirklichkeit sei, obwohl womöglich nie ein Mann Fatzer je durch die Stadt Mülheim gegangen sei, wird damit beantwortet, dass nur „genügend viele, genügend gute Leute, die genügend aufgeklärt sind, den Gang des Fatzer als wahrhaftig […]"[31] erkennen müssten, um ihn als (mögliche) Wirklichkeit anzuerkennen. Widerständige Theaterpraxis müsste sich also nicht nur weigern, den herrschenden Fatalismus performativ mithervorzubringen und festzuschreiben, sondern alternative Denk- und Sprachräume gleichermaßen verteidigen und permanent neu erschaffen.

28 Karl Marx: *Das Kapital. Erster Band. Marx-Engels-Werke,* Bd. 23. Berlin: Dietz 1972, S. 16.

29 Gindin: Art in the Age of Fatalism.

30 Ebd.

31 Brecht: Fatzer, S. 516.

Angesichts des Befundes, dass es im ‚Empire' kein Außerhalb zu geben scheint,[32] wollen wir die Bedeutung einer aktualisierten radikalen Lehrstückpraxis in den Vordergrund stellen und Theater eben nicht als bürgerliche Institution und repräsentativen Bestandteil des kulturellen Selbstverständnisses von Nationalstaaten betrachten, sondern als „Insel der Unordnung"[33] innerhalb dieser. Erst dann kann Theatermachen als ein von innen nach außen gerichteter Prozess verstanden werden, der in Form eines Exodus über bloßen Protest hinausgeht. So könnte es dazu beitragen, einen Ort jenseits des gegenwärtigen Kapitalismus zu schaffen. Auch die für den herrschenden Fatalismus so maßgebliche Erschöpfung könnte so ihrer restaurativen Funktion entledigt werden und stattdessen in einen „offensiven Entzug"[34] umgeleitet werden. Bei einer solchen „Strategie der Flucht" könnte es sich dann um „eine Zivilisationserfahrung [handeln], die auf dem kontinuierlichen Entzug gegenüber festgelegten Regeln beruht, auf der Neigung, die Karten zu zinken, während die Partie im Gang ist"[35]. Hieraus ergibt sich in Paolo Virnos Logik, dass

> Ungehorsam und Flucht […] keine negativen Gesten [sind], die uns des Handelns und der Verantwortlichkeit entheben. Im Gegenteil. Desertieren heißt, die Bedingungen zu verändern, unter denen sich ein Konflikt entfaltet, anstatt sich ihnen zu unterwerfen […] Der Konflikt beginnt genau da, wo wir etwas im Fliehen herstellen, um soziale Beziehungen und neue Lebensformen zu verteidigen, die wir schon zu erfahren im Begriff sind. Zur alten Idee des Fliehens, um dadurch besser angreifen zu können, kommt die Sicherheit hinzu, dass der Kampf umso wirksamer sein wird, wenn wir *etwas zu verlieren haben außer unseren Ketten.*[36]

Wofür sonst das durch unsere Arbeit produzierte kognitive und affektive Kapital einsetzen und umleiten, wenn nicht für einen solchen Exodus ins (Lehrstück-)Theater, welcher von innen heraus ein Außerhalb schaffen könnte?

Für Franco Berardi wäre dieser „[…] Schöpfungsakt eines Außerhalb […] jener poetische Akt, den wir heute so nötig brauchen.

32 Vgl. Michael Hardt / Antonio Negri: *Empire. Die neue Weltordnung.* Frankfurt am Main: Campus 2002.

33 Heiner Müller: ‚Mich interessiert der Fall Althusser…' Gesprächsprotokoll [1981]. In: Ders.: *Werke*, Bd. 8: Schriften, hrsg. v. Frank Hörnigk. Frankfurt am Main: Suhrkamp 2005, S. 241–246, hier S. 245.

34 Vgl. Paolo Virno: *Exodus.* Wien: Turia + Kant 2010, S. 50.

35 Paolo Virno: Die Logik der Tumulte. In: Lorey / Nigro / Raunig (Hrsg.): *Inventionen 2*, S. 17–26, hier S. 25.

36 Ebd., S. 26.

Man könnte dies als imaginative Transzendenz bezeichnen."[37] Unter diesen Bedingungen sieht er die oben thematisierte, für die Konstruktion des Fatalismus im *kapitalistischen Realismus* so entscheidende Erschöpfung sogar als „[...] Schlüsselwort für den nächsten Aufstand, der auf Rückzug und der Weigerung fußen wird"[38], zumal er

> eine Steigerung des Potenzials unserer sozialen Vorstellungskraft als de[n] einzige[n] Weg [begreift], der uns noch bleibt. Exodus, die Schaffung eines neuen Ortes der Produktion und des Austauschs, die Schaffung einer Zeit, die jenseits von Schuld(en) und Opfer existiert, wird das Mittel zur Erreichung der Autonomie werden.[39]

In den letzten Jahren kam es in den von der Krise am stärksten betroffenen Regionen im Süden Europas durch Besetzungen zu zahlreichen Reanimierungen leerstehender Theatergebäude. Mit dem Teatro Valle Occupato in Rom und dem Embros-Theater in Athen sind nur die prominentesten Vertreter genannt. Gerade in Italien, wo besonders viele Theater-Besetzungen stattgefunden haben, beruft man sich dabei auch auf die Tradition der operaistischen *Autonomia*-Bewegung der 1970er Jahre. Ein für unsere Überlegungen zu einem *Theater der Sorge* entscheidender Aspekt dieser anhaltenden Entwicklung ist, dass diese autonomen und selbstverwaltenden Theater meist von Kollektiven betrieben werden, die sich aus Künstler_innen und Aktivist_innen zusammensetzen. Wenngleich in konkreten Fällen nicht immer spannungsfrei,[40] halten wir die Entstehung und Vertiefung dieser Bündnisse für eine begrüßenswerte und noch weiter auszubauende Entwicklung, zumal an diesen *neuen Orten der Produktion* durch und mit dem Theater neue Praktiken des Sozialen und des Theaters entwickelt werden könnten, die ein Zusammenkommen in nicht-hierarchischer Viel- und Verschiedenheit ermöglichen, bei welchem jede_r gleichberechtigt ihre_seine spezifischen Fähigkeiten und Talente einbringen kann. Von daher bieten solche Orte für unseren Ansatz einer radikal emanzipatorischen Lernpraxis, als mögliche Ereignisstätten eines *Theaters der Sorge*, optimale Voraussetzungen.

37 Berardi: *transverse / transversal*, S. 43.

38 Ebd., S. 44.

39 Ebd., S. 46.

40 Dieser Eindruck speist sich aus unseren persönlichen Erfahrungen mit dem Embros-Theater in Athen.

Labore und Zeremonien eines *Theaters der Sorge*

Ein solches *Theater der Sorge* lässt sich als 2-Phasen-Modell beschreiben: In der ersten Phase geht es um die Herstellung einer Laborsituation, in der präfigurative Lebens-, Denk- und Arbeitsformen in diskursiver und spielerischer Weise präsentisch erprobt und in konstituierende Prozesse übertragen werden können, in der zweiten Phase um die gemeinschaftliche Konzeption, Vorbereitung und Durchführung einer abschließenden öffentlichen *theatralen Ausstellung*[41], die auf den kollektiven Erfahrungen und Ergebnissen der Labore basiert. Dadurch können gesellschaftliche Resonanzen erzeugt und die konstituierenden Prozesse vorläufig instituiert werden. Dabei gilt es noch anzumerken, dass die hier als erste Phase beschriebene radikal-emanzipatorische Lernpraxis zwar immer Voraussetzung für die Erarbeitungen der Ausstellungen eines *Theaters der Sorge* sein muss, das Erreichen bzw. Zustandekommen dieser zweiten Phase jedoch keine Bedingung für die erste ist.

Phase I: Lehrstückpraxis als Labor zur Erprobung präsentischer Prozesse

In der ersten Phase dieses Prozesses – welche wir uns der Form nach als theatrale Workshop-Situation vorstellen – geht es darum zu lernen, in und mit heterogenen Gruppen auf einer mikropolitischen Ebene präfigurativ (im Sinne eines *pre-enactments* künftigen solidarischen Zusammenlebens) mit dem Aufbau und der Entfaltung von affektiven Beziehungen, vielfältigen Formen der Organisierung und ästhetischen Wahrnehmungsweisen zu experimentieren. Im Kleinen können so Formen „radikal inkludierender Partizipation und Beschlussfassung praktiziert"[42] und – über das Individuell-Konkrete hinausweisend – die Suche nach dem Gemeinsamen in den Vordergrund gestellt werden. Zur Erprobung solcher präsentischen Prozesse – verstanden als ein „gegenwärtiges Werden" in „ausgedehnte[r], intensive[r] Gegenwart"[43] – bietet sich das Theater an, weil es bereits von sich aus von der doppelten Markierung gekennzeichnet ist, „Kunst und sozialer Raum zugleich zu

41 Unsere Verwendung des Begriffs „Ausstellung" bezieht sich auf Brechts Kommentar zur Maßnahme. Vgl. Bertolt Brecht: Das Lehrstück „Die Maßnahme". In: Ders.: *Werke. Große kommentierte Berliner und Frankfurter Ausgabe*, Bd. 24. Berlin / Frankfurt am Main: Aufbau / Suhrkamp 1997, S. 96.

42 Isabell Lorey: Präsentische Demokratie als konstituierender Prozess. In: *arranca!* 47 (2013), S. 49–51, hier S. 49.

43 Ebd., S. 50.

sein.“[44] Entscheidend in dieser ersten Phase, der Laborsituation, ist es jedoch, Theater nicht als einen „‚Raum zum Schauen‘ und damit als ein Dispositiv, das sich mit der Aufteilung in Zuschauer und ein inszeniertes Geschehen konstituiert“[45], zu definieren. Vielmehr geht es darum, den Beteiligten eine gleichberechtigte *Teilhabe am Sinnlichen*[46] zu ermöglichen – worunter wir auch eine Erhöhung der Sensibilität und somit der Sorge für sich und andere verstehen. Um Situationen herzustellen, in denen mit und nicht für einander geredet wird,[47] beziehen wir uns auf Brechts Lehrstückkonzeption, da hier die kompromisslose Aufhebung der Akteur-Zuschauer-Dichotomie gefordert wird: „Die Große Pädagogik verändert die Rolle des Spieles vollständig. Sie hebt das System Spieler und Zuschauer auf. Sie kennt nur mehr Spieler, die zugleich Studierende sind.“[48] Das Lehrstück begreift sich nicht als Theater für Konsument_innen sondern als eines der Produzent_innen, denn es „lehrt dadurch, daß es gespielt, nicht dadurch, daß es gesehen wird.“[49] In der vielstimmigen Auseinandersetzung mit künstlerischen und politischen Inhalten und durch die spielerische „Durchführung bestimmter Handlungsweisen, Einnahme bestimmter Haltungen, Wiedergabe bestimmter Reden und so weiter“[50] kann in dieser Workshop-Phase ein solches ‚Theater ohne Zuschauer‘ den Teilnehmenden Vorstellungshilfen für alternative Formen solidarischen Zusammenlebens liefern. Im Gegensatz zu konventionellen Probenprozessen gibt es hier auch keine (ersten) Zuschauer wie Regisseur_innen, Dramaturg_innen oder ähnliches, da diese Rollen aufgelöst und durch den *general intellect* ersetzt werden.

> Worum es geht: mit dem Theater zu lehren, aber als Inhalt der Lehre die Unmöglichkeit der Lehre zu artikulieren, erfahrbar zu machen, nicht etwa diese Unmöglichkeit ihrerseits wieder als Lehre zu fassen. […] Das Spiel ist absolut primär gegenüber dem Verstehen. Kein Sinn also, der zur Darstellung

44 Benjamin Wihstutz: *Der andere Raum. Politiken sozialer Grenzverhandlungen im Gegenwartstheater*. Zürich / Berlin: Diaphanes 2012, S. 24.

45 Ebd.

46 Vgl. dazu Jaques Rancière: *Die Aufteilung des Sinnlichen. Die Politik der Kunst und ihre Paradoxien*. Berlin: b-books 2006. Das französische Wort ‚partage‘ im französischen Titel *Le Partage du sensible* bedeutet gleichzeitig ‚Aufteilung‘ und ‚Teilhabe‘.

47 Pollesch: Dialektisches Theater now!, S. 302.

48 Bertolt Brecht: Die Grosse und die Kleine Pädagogik. In: Ders.: *Werke. Große kommentierte Berliner und Frankfurter Ausgabe*, Bd. 21. Berlin / Frankfurt am Main: Aufbau / Suhrkamp 1997, S. 396.

49 Ebd., S. 351.

50 Steinweg: *Brechts Modell der Lehrstücke*, S. 228–229.

kommt, sondern Performanz, die Sinn erzeugt, kein Theater im sicheren Rahmen, sondern eines, in dem Sinn spielend allererst erfunden wird.[51]

Da ein stetiges Beharren auf Differenzen strukturelle Unmöglichkeiten festschreibt und so konstituierende Prozesse politischer Subjektwerdung jenseits von Staat, Kultur und Identität verhindert, stellt die Suche nach dem Gemeinsamen in diesen experimentell erprobten theatralen Vorwegnahmen einen bedeutenden Aspekt dar. Nur die gemeinsame Erprobung konstituierender Prozesse – verstanden als „wiederkehrende[r] Bruch, der bestehende Verhältnisse aussetzt und zugleich eine Bresche schlägt und neue Sichtweisen, neue Handlungsmöglichkeiten eröffnet“[52] – kann die Möglichkeit bieten, sich sowohl auf verbaler als auch auf spielerischer Ebene politisch auszudrücken und eine radikale Transformation der Gesellschaft zu diskutieren. Von daher ist es auch essentiell, dass diese stets unterschiedlichen Modelle konstituierender Prozesse immer wieder von allen Teilnehmer_innen gemeinsam selbst erfunden werden. Solche Situationen kollektiver Produktion können dazu beitragen, Gemeinsamkeiten mit anderen zu erkennen und sich selbst als aktives Subjekt zu konstituieren. Denn die Erkenntnis eigener Prozesshaftigkeit und legitimer Gestaltungsmacht in Bezug auf das Selbst – („‚Ich' bin keine Person. Ich entstehe jeden Moment, bleibe keinen. Ich entstehe in der Form einer Antwort. In mir ist permanent, was auf solches antwortet, was permanent bleibt. […] Ich mache Mich.“[53]) – kann auch bei der Erkenntnis der Prozesshaftigkeit und Kontingenz gesellschaftlicher Gegebenheiten und der legitimen persönlichen Gestaltungsmacht in Bezug auf eben jene behilflich sein. Ist dies erkannt, können – mit den Worten Brechts – aus „Betrachtenden Tätige werden“[54].

51 Hans-Thies Lehmann: Versuch über Fatzer. In: Ders.: *Das Politische Schreiben.* Berlin: Theater der Zeit 2002, S. 250–260, hier S. 253.

52 Lorey: Präsentische Demokratie als konstituierender Prozess, S. 49.

53 Bertolt Brecht: Über die Person. In: Ders.: *Werke. Große kommentierte Berliner und Frankfurter Ausgabe*, Bd. 21. Berlin / Frankfurt am Main: Aufbau / Suhrkamp 1997, S. 404.

54 Brecht: Fatzer, S. 524.

Phase II: Konzeptionen künstlerischer Ausstellungen *als ‚instituierende Zeremonien‘*

> Die Darstellung soll von den Studierenden nach jener der ersten Künstler ihrer Zeit nachgeahmt werden. Diese Darstellung durch die ersten Künstler der Zeit soll von den Studierenden mündlich und schriftlich kritisiert, aber in jedem Fall so lange nachgeahmt werden, bis die Kritik sie abgeändert hat.[55]

Obwohl sich Brecht selbst vermehrt gegen Aufführungen von Lehrstücken aussprach, da er diese als ‚Studium für die Spielenden‘ entworfen hatte und ein solches ‚Theater ohne Zuschauer‘ gleichzeitig auch jeder Verwertungslogik entzogen sehen wollte, betonte er, dass, falls es dennoch zu einer Aufführung kommen sollte, diese „mehr eine Art Ausstellung sein“[56] müsse.

Noch vor dem Beginn der gemeinsamen Entwicklung einer solchen theatralen Ausstellung erscheinen uns folgende Bedingungen als notwendige Voraussetzungen: Erstens muss jeder Ausstellung im Kontext einer Praxis des *Theaters der Sorge* ein kollektiver Prozess der oben beschriebenen Laborpraxis vorangehen. Zweitens beteiligen sich die Mitwirkenden freiwillig und nur nach jeweiligen Bedürfnissen und Fähigkeiten an der Konzeption und Durchführung einer Ausstellung. Drittens sollten diese Probenprozesse wiederum auch als freie, offene Versammlungen konzipiert sein – die Inhalte und vorläufigen Erkenntnisse also wieder offen und verhandelbar zur Diskussion gestellt werden.

Ist dies gegeben, können öffentliche Ausstellungen aus folgenden Gründen äußerst sinnvoll sein: Der oben schon angegebene Hauptgrund ist die vorläufige Konstituierung der präfigurativ gewonnenen Erkenntnisse. Obwohl die Methode des Experimentierens nicht ausschließlich darauf abzielt, verwertbare Ergebnisse zu generieren und auch dem Spekulieren Raum gibt, sollten manche konstituierenden Prozesse davor bewahrt werden, ins Leere zu laufen. Dafür ist es notwendig, sie und die darin gewonnenen Erkenntnisse immer wieder, wenn auch vorläufig, festzuschreiben. Geht man von der Annahme aus, dass den Laboren auf subjektiver Ebene das Potential von Ereignisstätten innewohnt, könnte für die Ausstellungen der Begriff der *Zeremonie*, den Michael Hardt in seinem Versuch der Entwicklung eines politischen Begriffs der Liebe von Jean Genet entlehnt, ein nützliches Instrumentarium der Anschauung

55 Ebd., S. 515.

56 Bertolt Brecht: Das Lehrstück „Die Maßnahme“. In: Ders.: *Werke. Große kommentierte Berliner und Frankfurter Ausgabe*, Bd. 24. Berlin / Frankfurt am Main: Aufbau / Suhrkamp 1997, S. 96.

liefern, zumal er diesen auch vorschlägt, um den Bruch auf Dauer lebbar zu machen:

> Die Zeremonie ist für Genet ein Mechanismus zur Verlängerung oder Wiederholung von Begegnungen. Die Zeitlichkeit der Zeremonie ist der Schlüssel hierzu. Die Zeremonie greift in das Ereignis ein und bewirkt, indem sie durch die Begegnung hindurchgeht, eine zeitliche Transformation.[57]

Hardts weiterführende Überlegungen zu Genets Zeremoniebegriff scheinen uns äußerst anknüpfbar an Brechts Theaterkonzeptionen, zumal beide von Wiederholungen ausgehen, welche jeweils aufs Neue und immer wieder überprüft werden müssen. Auch wenn Hardts Zeremoniebegriff deutliche Involviertheit anklingen lässt, während Brechts nicht-aristotelisches Theater bekanntermaßen eine distanzierte Haltung einfordert, könnten beide Formen der Wiederholung durch die erneute Überprüfung zu Distanznahme und Entscheidungen führen. Zudem verstärkt die Praxis der Ausstellung einer kollektiven Arbeit auch den Produzent_innenstatus der Spielenden.[58]

Im Abschluss dieser zweiten Phase, der öffentlichen Ausstellung, werden durch die Anwesenheit eines Publikums diese Präfigurationen eigentlich undenkbar gewordener Alternativen öffentlich wahrgenommen und dadurch womöglich weiter in die Gesellschaft hinein getragen. Wenn man Theater als *Ort der freien Versammlung*, im Sinne Virnos auch als „nichtstaatliche Öffentlichkeit"[59] definiert, kann Theater ein *anderer öffentlicher* Raum, eine „reißende Mitte"[60] inmitten des Flusses sein und innerhalb der Gesellschaft und in diese hinein wirken. Denn, wie Brecht sagte, könnte es sein, dass die „Erkenntnis […] an einem anderen Ort gebraucht [wird] als wo sie gefunden wurde"[61].

57 Michael Hardt: *Die Verfahren der Liebe*. documenta (13) 100 Notes Nr. 068. Ostfildern: Hatje Cantz 2013, S. 21.

58 Unter ‚Spielende' verstehen wir alle Beteiligten der kollektiven Produktionsprozesse. Dabei ist es egal, wer schlussendlich tatsächlich auf der Bühne steht. Je nach Bedürfnissen und Fähigkeiten werden alle Rollen verteilt, die für das Gelingen der Ausstellungen von Belang sind. So sind auch dramaturgische Aufgaben oder der ‚Blick von außen' von Wichtigkeit. Das bedeutet aber nicht, dass hier plötzlich Hierarchien aufgebaut werden, da alle Entscheidungen weiterhin gemeinsam getroffen werden.

59 Paulo Virno: *Grammatik der Multitude. Öffentlichkeit, Intellekt und Arbeit als Lebensformen*. Wien: Turia & Kant 2005, S. 51.

60 Gerald Raunig: In Theorien vertiefen. Die Schule des ausstehenden Lehrers. http://eipcp.net/transversal/1210/raunig/de (Zugriff am 10.03.2014).

61 Brecht: Fatzer, S. 521.

Um solche Resonanzen innerhalb der Gesellschaft erzeugen und zu politischer Imagination beitragen zu können, sollte von Seiten der Produzent_innen auch Wert auf die Entwicklung einer sinnlich und intellektuell anregenden Ästhetik gelegt werden. Brechts Äußerung im *Fatzerkommentar*, wonach sich an den ersten Künstlern der Zeit zu orientieren sei, bedeutet, den Anspruch zu artikulieren, auf eine avancierte Art und Weise mit Gestaltungsprozessen zu experimentieren. Gerade durch originelle künstlerische Konzepte kann breite Rezeption hergestellt werden und es (immerhin innerhalb eines kleinen, stetig erweiterbaren Rahmens) ermöglicht werden, dem Kapital Begehren zu entwinden. Denn angesichts der alle Bereiche besetzenden Ästhetisierung des Lebens durch den Kapitalismus muss eine wirklich politische Theaterpraxis auch langfristig an andere Formen des Ästhetischen arbeiten, um das Begehren auf alternative Möglichkeitshorizonte umzuleiten.

Konstruktiv-antagonistische Kooperationen mit Institutionen

Für diese langfristige widerständige Arbeit an einer anderen Ästhetik wäre analog zu der Struktur der Bündnisse, welche außerparlamentarische linke Gruppen in den letzten Jahren sowohl untereinander als auch mit Institutionen eingegangen sind, für ein sich in der ‚Freien Szene' verortendes *Theater der Sorge* auch eine antagonistische Zusammenarbeit mit bestehenden Theaterinstitutionen denkbar und wünschenswert. Denn, wie oben ausgeführt, sind es gerade die besetzten Theaterhäuser in Südeuropa, die durch ihre Infrastruktur optimale Bedingungen für Praktiken eines *Theaters der Sorge* anbieten, da nicht gerechnet werden muss und Raum und Zeit vorhanden sind. Aber welche Rolle könnten Staats- und Stadttheater hierzulande einnehmen? In der oben kurz gestreiften Debatte positionieren Vetreter_innen der institutionalisierten Theater im deutschsprachigen Raum diese wiederholt als letzte Bastionen des Wohlfahrtsstaates der Nachkriegszeit. Ohne ihre eigene fordistische Produktionsweise kritisch zu reflektieren oder zu begreifen, dass es im Kapitalismus eben nie für alle reicht und die Theaterarbeiter_innen der ‚Freien Szene' tatsächlich auch frei von Produktionsmitteln sind, kritisieren sie deren projektbezogene und nomadische Arbeitsweise, anstatt diese an denen sich in ihrem Besitz befindlichen Produktionsmitteln teilhaben zu lassen:

> Worum es geht ist, dass das Stadttheater aufhören muss, sich als ,das' Theater zu verstehen und stattdessen eine Perspektive zulässt, die viele verschiedene Theaterformen, Produktions- und Arbeitsweisen einschließt. Spielerinnen und Spieler müssen die Möglichkeit haben, sich temporär von Gruppen engagieren zu lassen oder noch besser: selbst welche zu gründen.[62]

Um die Gefahr einer Vereinnahmung der freien Gruppen und Assoziationen durch die institutionalisierten Theater möglichst zu reduzieren, müsste deren Haltung zur Kooperation mit den ,Apparaten' eine konstruktiv-antagonistische[63] sein, wie sie auch Brecht einst ähnlich in Bezug auf den Umgang mit dem Rundfunk als Kommunikationsapparat formulierte:

> Aber es ist keineswegs unsere Aufgabe, die ideologischen Institute auf der Basis der gegebenen Gesellschaftsordnung durch Neuerungen zu erneuern, sondern durch unsere Neuerungen haben wir sie zur Aufgabe ihrer Basis zu bewegen. Also für Neuerungen, gegen Erneuerung! Durch immer fortgesetzte, nie aufhörende Vorschläge zur besseren Verwendung der Apparate im Interesse der Allgemeinheit haben wir die gesellschaftliche Basis dieser Apparate zu erschüttern, ihre Verwendung im Interesse der wenigen zu diskutieren.[64]

Theater der Sorge – Programm für ein *politisch gemachtes* Politisches Theater

Abschließend möchten wir die wichtigsten Punkte unseres Vorschlags für ein *Theaters der Sorge* zusammenfassen, welches für uns ein *politisch gemachtes* Politisches Theater ist. Jean-Luc Godards berühmter Ausspruch, dass es nicht darum ginge politische Filme, sondern politisch Filme zu machen, wurde in den letzten Jahren häufig zitiert und für andere Künste aufgegriffen.[65] Der nicht nur begrüßenswerte, sondern notwendige Blick auf die Produktionsbedingungen hat dabei jedoch, unserer Auffassung nach unverständlicherweise, künstlerische Auseinandersetzungen mit politischen

62 Alexander Karschnia: Rede auf dem Branchentreff der freien darstellenden Künste 2013 des Performing Arts Programms Berlin. http://www.andco.de/index.php?context=media§ion=texts_theory_theatre&id=7506 (Zugriff am 10.03.2014).

63 Vgl. zu diesem Ansatz Chantal Mouffe: Strategies of Radical Politics and Aesthetic Resistance. http://truthisconcrete.org/texts/?p=19 (Zugriff am 30.03.2014).

64 Bertolt Brecht: Der Rundfunk als Kommunikationsapparat. In: Ders.: *Werke. Große kommentierte Berliner und Frankfurter Ausgabe*, Bd. 21. Berlin / Frankfurt am Main: Aufbau / Suhrkamp 1997, S. 552–557, hier S. 557.

65 Vgl. dazu: Nikolaus Müller-Schöll (Hrsg.): *Performing politics. Politisch Kunst machen nach dem 20. Jahrhundert.* Berlin: Theater der Zeit 2012, und Jan Deck / Angelika Sieburg (Hrsg.): *Politisch Theater machen. Neue Artikulationsformen des Politischen in den darstellenden Künsten.* Bielefeld: Transcript 2011.

Inhalten überlagert oder gar abgelöst. Für uns kann es jedoch weder einzig darum gehen, im Theater politische Themen zur Diskussion zu stellen, noch darum, schlichtweg politisch Theater zu machen. Ein wirklich politisches zeitgenössisches Theater müsste unserer Ansicht nach das ‚Was' und das ‚Wie' miteinander verknüpfen und wechselseitig berücksichtigen. Voraussetzung hierfür ist die kritische inhaltliche Auseinandersetzung mit ökonomischen, sozialen und kulturellen Ursachen gesellschaftlicher Ungleichheiten bei gleichzeitiger Anpassung der internen Produktionsbedingungen an eine radikal-emanzipatorische Haltung und Ästhetik.

Dafür bietet sich unserer Auffassung nach eine Weiterentwicklung von Brechts Lehrstückpraxis unter Berücksichtigung eines erweiterten Sorge-Begriffs (als Interesse, Anteilnahme und Solidarität) an, zumal dieser bei Respekt für die jeweiligen Differenzen nach dem Gemeinsamen sucht und dabei Theater, Intimität und Öffentlichkeit miteinander verbindet. Wir begreifen Lehrstücke als konstituierende Prozesse in Reinform, welche Räume des gleichberechtigten Austausches und Kontakts schaffen, die zugleich prä-politische Situationen intensivieren und so politische Subjekte konstituieren können.

Bringt man also den *Care*-Begriff im ersten Schritt mit erweiterten Variationen Brecht'scher Lehrstückkonzeption und im zweiten mit avanciertem, experimentierfreudigem (Kunst-)Theater zusammen, wird es möglich, einen Raum zu eröffnen, in dem über die von Ludwig Wittgenstein sogenannte „gemeinsame menschliche Handlungsweise"[66] nachgedacht werden kann, um daraufhin kollektiv zu entscheiden, ob gewisse bislang geltende Normen noch zeitgemäß sind – oder es je waren bzw. gewesen sein werden. Wie in der aktivistischen Arbeit, welche oft von Aktionstagen und langen und zehrenden Phasen der kontinuierlichen Arbeit am Widerstand gekennzeichnet ist, besteht eine entscheidende Schwierigkeit dieser theatralen Lernpraxis darin, dass die subjektive Energie in der Lehrstückphase eruptiv freigesetzt wird und nach den unmittelbaren Auseinandersetzungen wieder verpuffen könnte. Um dem entgegenzuwirken, könnten theatrale Ausstellungen des kollektiven Arbeitsprozesses als Zeremonien wirken, welche Spuren der Erfahrungen aus dem Lehrstück erneuern und verbreiten können.

66 Ludwig Wittgenstein: *Philosophische Untersuchungen.* Kritisch-genetische Edition, hrsg. v. Joachim Schulte. Frankfurt am Main: Suhrkamp 2001, S. 863.

Ein *Theater der Sorge* ist vor allem auch ein Theater der Aufmerksamkeit und der Sensibilisierung, das Solidarität einübt und zeigt, ohne sie bloß zu bekunden, und stattdessen Wert auf langfristige Komplizenschaften mit unterschiedlichsten gesellschaftlichen Akteur_innen legt: Ein *Theater der Sorge* zieht nicht weiter, weil die Produktion ‚abgespielt' oder das Thema ‚abgearbeitet' ist. Es verwertet keine Schicksale und möchte auch niemanden heilen oder anpassen. Da, wo die sozialen Bewegungen Sorge zentral stellen, werden sie von punktuellen, impulsartigen und vorübergehenden gesellschaftlichen Erscheinungen zu dauerhaften, sich selbst reproduzierenden Phänomenen. Das sollte auch der Ansatzpunkt einer radikal-emanzipatorischen Lernpraxis des *Theaters der Sorge* sein: Die Schaffung neuer gemeinsamer Räume solidarischer Organisierung und die Entwicklung und Erprobung von Infrastruktur, Methoden und Erfahrungen.

Φάτσα/Κοινά
FATSA/KOINA: Athens
DER WELT
Ich bin verloren

Abbildungsverzeichnis

Claas Morgenroth: Schuld und Notwendigkeit

Abb. 1: Aus Bertolt Brecht: Notizbuch 24, 2r, 1927.
Faksimile aus Bertolt Brecht: *Notizbücher*, Bd. 7: 1927–1930, hrsg. v. Peter Villwock.
© Bertolt-Brecht-Erben / Suhrkamp Verlag 2010.

Abb. 2: Aus Bertolt Brecht: Notizbuch 25, 52r, 1930.
Faksimile aus Bertolt Brecht: *Notizbücher*, Bd. 7: 1927–1930, hrsg. v. Peter Villwock.
© Bertolt-Brecht-Erben / Suhrkamp Verlag 2010.

Stephan Suschke: Fatzer

S. 76: *Fatzer* – Aufführungsfoto, 2013.
Zur Verfügung gestellt mit freundlicher Genehmigung zum Abdruck durch das Hessische Landestheater Marburg.
Foto & © Ramon Haindl, Frankfurt am Main.

S. 78–84: *Fatzer* – Aufführungsfotos, 2013.
Fotos & © Momme Röhrbein, Berlin.

P14: *FLEISCH – ich bin ich, du bist du und es geht schlecht*

S. 86, 89, 91, 93, 94, 97, 98: *FLEISCH – ich bin ich, du bist du und es geht schlecht* – Aufführungsfotos, 2012.
Fotos & © Dave Großmann, Berlin.

Katrin Hylla: *You can wash all that shit away*

S. 104, 114–115, 117, 119: *You can wash all that shit away* – Aufführungsfotos, 2013.
Fotos & © Björn Stork, Mülheim an der Ruhr.

S. 107–109, 121: Mit *Fatzer*-Texten beschriftete Waschmaschinen aus *You can wash all that shit away*, 2013.
Fotos & © Marija Skara, Berlin.

Schauf / Millner / Scholtysik / Földesi / Bussmann / Natus:
FATZER-/KOMMENTAR/VERSUCH/LEHRSTÜCK/FRAGMENT

S. 124, 141: Probenfotos, 2013.
Fotos & © Lena Natus, Zürich.

S. 126, 128–129, 132, 137: *FATZER-/KOMMENTAR/VERSUCH/LEHRSTÜCK/FRAGMENT* – Aufführungsfotos, 2013.
Fotos & © Björn Stork, Mülheim an der Ruhr.

Abteilung T/A/T der EGfKA: *FATSA/KOINA: Athen*

S. 144, 152, 153, 156, 157, 161–163, 166, 167, 171, 201: Workshop zu *Fatzer* im Embros-Theater, Athen, 2013.
Fotos & © Olivia Stutz, Zürich.

S. 172–177, 180: *FATSA/KOINA: Athen* – Aufführungsfotos, 2013.
Fotos & © Björn Stork, Mülheim an der Ruhr.

S. 178–179: *FATSA/KOINA: Athen* – Filmstills aus dem Video „Rundgang des Fatzer durch die Stadt Athen“, 2013.
Fotos & © Abteilung T/A/T der EGfKA, Berlin.